红色记忆® 21

突破天险腊子口

海南省文化交流促进会 编

南海出版公司
2013 · 海口

图书在版编目（CIP）数据

红色记忆 · 第 1 辑 · 21 / 海南省文化交流促进会编 .
— 海口：南海出版公司 , 2013.2（2025.1 重印）
ISBN 978-7-5442-6169-2

Ⅰ . ①红… Ⅱ . ①海… Ⅲ . ①革命传统教育—中国—青年读物②革命传统教育—中国—少年读物 Ⅳ . ① D642-49

中国版本图书馆 CIP 数据核字（2013）第 028636 号

HONGSE JIYI · DI 1 JI · 21

红色记忆 · 第 1 辑 · 21

作　　者　海南省文化交流促进会
总 策 划　刘　栋
顾　　问　贾延岩
执行总编　任在齐　张　桐　张爱国
责任编辑　聂　敏
封面设计　郑广明
排版印务　何怡欣
发行总监　杨成春
出版发行　南海出版公司　电话：（0898）66568508　66568511
社　　址　海南省海口市海秀中路 51 号星华大厦五楼　邮编：570206
电子信箱　nhpublishing@163.com
经　　销　新华书店
印　　刷　天津睿意佳彩印刷有限公司
开　　本　787 毫米 × 1092 毫米　1/16
印　　张　6.25
字　　数　100 千字
版　　次　2013 年 2 月第 1 版　2025 年 1 月第 2 次印刷
书　　号　ISBN 978-7-5442-6169-2
定　　价　39.80 元

对历史无知的人，没有真正的信仰可言；没有信仰的人，不可能拥有美好的理想，不可能胸怀崇高的情感，也就不可能担负起任何责任。用欲望文化代替历史教育，足以使一个国家的青年被腐蚀、使一个民族的希望被毁掉，使这个国家和民族被永世万代地奴役！

鉴于此，我们呼唤历史，唤回那段属于二十世纪的“红色”历史，唤回那段炮火硝烟、颠沛流离的历史，唤回那冲天的狼烟留下的悲壮回忆、岁月年轮沉淀的斑驳痕迹。历史不应该被忽略，更不应该被遗忘，牢记那段革命战争年代的红色历史更是责任。为了那些不应该被忘却的记忆，为了那些不应该被丢弃的信念，于是就有了这套《红色记忆》丛书。

曾记否，当草鞋与意志丈量出来的两万五千里穿越一个伟大民族五千年的荣辱兴衰，革命的火种被一路播撒、一路点燃。人迹罕至的雪山、荒无人烟的草地被鲜血浸透，衬映出一段光辉的里程；万水千山早已被远远地抛在身后，一轮红日在黄土高原磅礴而起。满目疮痍的河山在1936年10月温暖如春……

曾记否，当生命和鲜血浸染的十几年光阴将一种记忆铭刻进一个伟大民族的历史画卷，革命的火焰从星火到燎原。这栏杆拍遍、易水悲歌般的呼号，这折戟沉沙、慷慨赴义的悲壮，这铁马冰河、枕戈待旦的苦战，这红旗漫卷、所向披靡的豪迈……腔腔热血、铮铮铁骨早已被熔铸成一座不朽的丰碑，中华民族从苦难中百死后生的壮丽诗史凝结成了五星闪耀的红色记忆。

曾记否，中华人民共和国成立以来，又有无数英烈接过前辈用鲜血染红的旗帜，或壮怀激烈戍边卫国，或忠于职守鞠躬尽瘁，或绝甘分少奉献大爱，甘做国家强盛、人民富裕的铺路石，成为和平年代民族复兴的荣光，把人民心中的红色记忆浸染得分外鲜艳，永不褪色。

这红色记忆，是信念不衰、志向不改的崇高气节；这红色记忆，是无私无我、生属苍生的博大胸怀；这红色记忆，是敢为人先、披荆斩棘的拓荒精神；这红色记忆，是中华民族最宝贵的精神财富。它告诫我们，人事有代谢，传承无绝期。缅怀先烈精神，继承先烈遗志，是社会的道德和民族的良心，是后来者须臾不可忘怀的本分。

老一代人把历史的真实交付给我们，我们有责任用真实还原历史，传承给下一代，把那段岁月与现在年轻人的生活连接到一起，使他们眼中的历史变得立体、真实、可靠，让历史成为他们前进的动力。本丛书将那些流动的、随时会飘散在时间天际的事件凝固下来，希望透过这些文字、图片，感受到英雄们那坚定的革命信念，感受到那个年代澎湃的革命激情，真切体会那段“红色历史”。

忘记历史，就意味着背叛。让我们重温历史，缅怀先烈，从中汲取力量，毅然前行。

刘栋

目录

CONTENT

目录

CONTENT

傅秋涛——皖南事变成功突围的新四军最高军事指挥官

文/佚　名

傅秋涛

傅秋涛（1907—1981年），湖南平江安定镇鸣山人。1925年参加工人纠察队。1927年参加平江农民暴动。1929年加入中国共产党。1933年转入中国工农红军。土地革命战争时期，任平江县雇农工会委员长，中共湘鄂赣省委副书记兼工会委员长，湘鄂赣军区政治部主任，中共湘鄂赣省委书记兼湘鄂赣军区政治委员。参加了南方三年游击战争。抗日战争时期，任新四军第一支队一团团长，第一支队副司令员、司令员兼政治委员，新四军第七师副师长。解放战争时期，任鲁南军区政治委员，中共鲁南区党委书记，鲁中南军区司令员，华东支前委员会主任委员、支前司令部司令员，中共中央山东分局第一副书记，山东军区副政治委员。中华人民共和国成立后，任山东军区第一副司令员，中央复员委员会秘书长，中央军委人民武装部部长，中国人民解放军总参谋部队列部部长、动员部部长，中央军委人民武装委员会副主任，总参谋部顾问。1955年被授予上将军衔，荣获一级八一勋章、一级独立自由勋章、一级解放勋章。是第二、三届国防委员会委员，第二、三届全国人民代表大会代表，第四、五届全国人民代表大会常务委员会委员，中国共产党第七、八次全国代表大会代表。在中国共产党第十一届三中全会上被选为中央纪律检查委员会常务委员。

皖南事变，是我军历史上少有的一次军事上受到重创、组织上蒙受重大损失的事件：新四军皖南部队惨遭覆没；军长叶挺下山谈判被扣；副军长项英、政治部主任袁国平、副参谋长周子昆等高级干部牺牲；二纵队、三纵队两位司令员也牺牲在战场上。只有一纵队司令员兼政委傅秋涛，在弹尽粮绝的情况下，组织部队分散突围，突围出来约一千人，占全纵队成员的三分之一，为我党我军保存了一支骨干力量。

皖南事变前，新四军部队分为左、中、右三路纵队并行开拔北上。傅秋涛率领的一纵队为左路纵队，周桂生司令员指挥的二纵队为中路纵队，张正坤司令员指挥的三纵队为右路纵队。军部机关及各直属队、教导总队随二纵队行动，共计九千余人。行军路线为绕道茂林，由三溪、旌德、宁国、郎溪奔苏南，然后北上。事实证明，由于叶挺与项英的指挥思想不一致，中路纵队、右路纵队陷入了军部指挥连续失误，战机一失再失的危局。中路、右路纵队的团以上指挥员个个身先士卒，冲杀在前，但伤亡惨重。只有左路纵队因与军部在战斗中失去了联系，干部牺牲较少。

傅秋涛的一纵队作为大兵团行军的左路纵队，在皖南事变战斗打响后的第三天因电台被毁，与军部失去了联系，使自己能够独立行动，处身于叶、项矛盾旋涡和项英的错误指挥之外，这是傅部胜利突围的关键所在。

战役战斗中会议时间过长，是兵家征战之大忌，新四军军部和左路纵队在战斗中都召开了时间较长的军事会议，而左路纵队的较长时间会议却恰恰奠定了成功突围的基础。

近年来的研究表明，当时新四军北移路线可供选择的有三条。一是直接“北渡”的路线，即由云岭向北，经铜陵、繁昌渡江到无为，这是一条沟通军部与江北四、五支队及江北指挥部联系的常用交通线。二是“东进”的路线，即由云岭向东，经马头镇、杨柳铺、孙家埠、毕家桥、郎溪，至竹箦桥到水西地区（苏南指挥部所在地）。三是“绕道”的路线，即由云岭南下茂林、三溪入宁国转广德、郎溪到溧阳，然后渡江北上。三条路线都各有利弊。

经过比较分析、权衡利弊，新四军采用了“绕道”的方案。历史事实已经证明：“绕道”是一条绝路。但军事上的失败往往是多种因素造成的，除了路线外，还有战术与指挥是否正确，以及气候、民情等众多的因素。当三路纵队会攻星潭未克时，项英不敢强攻，理由是害怕伤员过多而影响转移，这反映了项英军事阅历不足和军事才能不够，说穿了，是项英缺乏大兵团指挥作战的能力。但作为新四军和东南局党的最高领导，本着为党负责的心理，项英牢牢地

时任抗日军第一游击队司令员的傅秋涛

把住军事指挥权，排斥叶挺。在这种心理的支配下，项英主持召开了“百户坑会议”，会议的中心议题是，讨论攻占星潭未果后的行动方案。会上，提出了几种行动方案，无非是前进、后退、迂回之争。良将用兵，贵在神速，但项英此时迟疑不决，会议前后历时七个多小时，使国民党军在星潭完成了围堵行动。最后，项英下了一个回头突围的决心，几经波折，使军心失衡，斗志涣散，埋下了失败的种子。

与军部的情况相反，左路纵队在“百户坑会议”结束的第二天，即 1941 年 1 月 8 日下午召开了“梓坑会议”，讨论本纵队突围的路线问题。会议也讨论了几个小时，分析了两种意见。一是原路退回，走北路渡江到无为；二是经“东线”到苏南。会议经过分析，形成一致意见，决定向苏南转移。苏南是新一支队曾经战斗过的地方，傅秋涛担任团长的老一团曾在苏南战斗了半年，沿途群众基础好，不仅傅部可突出，还能背靠宁国、宣城，策应军部突围。会议还决定，老一团打前卫，新一团打掩护，当纵队司令部冲出后，支队全体人员在板桥集合。会议虽然也开了几个小时，但最终形成了正确的决议，奠定了傅部成功突围的基础。两个会议，两种不同的结果，军部的“百户坑会议”，虽然有叶挺拿出“集中突围，正面佯攻星潭”的正确战术主张，但反复拉锯，未被采纳，最后，被主张错误方案的项英占了上风，使部队回走茂林，导致部队走向失败。一纵队的“梓坑会议”虽然议得也长了一点，但做出了正确的决议，使部队突围走向了成功。

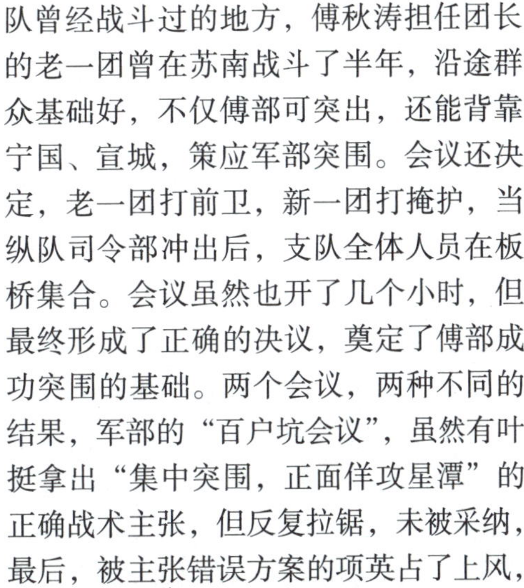

由于“梓坑会议”确定了正确的突围方向，一纵队突围的战术方式也随之确定，即“正面强攻，重点突破，撕开网口”。具体的突破口选择在球岭岭南三公里处的“三节水”地区。这是一个峡谷地带，公路从二三百米深的峡谷中穿过。因地形险要，敌人防守较松，仅有顽五十二师一五四团的一个营防守。走这一条路突围是一着险棋，但兵不厌诈，用兵关键在于出其不意。敌人越是认为我们不敢走的地方，我们越是要走，这样往往胜算的可能性反而大。经过周密的兵力部署和火力配置，历经大小三次殊死的搏斗，在付出重大牺牲后，一纵队的连以上干部和一部分战士终于突出了敌人的重围，实现了初步的胜利。

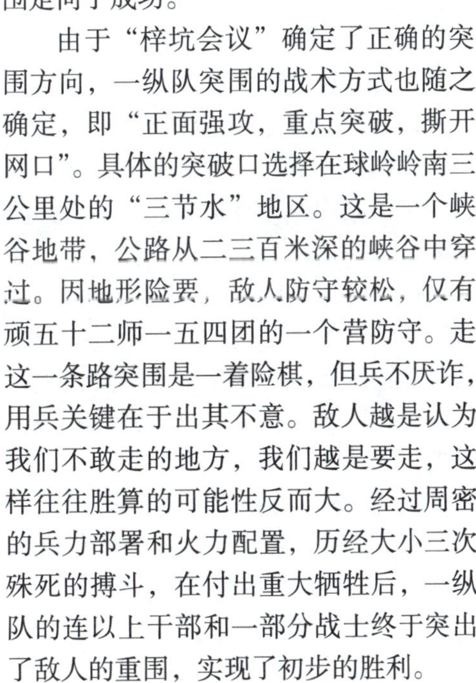

出“三节水”后，傅秋涛部进入泾（县）、宁（国）、宣（城）三县边境的山区——老虎坪，收集了三百余人的队伍。其中，连级干部仅缺两人，营以上干部

仅缺一人（这个数字统计的是老一团建制内的干部。新一团因在“三节水”突围中负责后卫，没有突围出来，他们后来在团长张铚秀的率领下从北路突围到江北无为）。在老虎坪，傅秋涛迅速恢复了部队编制，编了一个步兵连，两个手枪连，为继续突围做了种种准备。后来，由于国民党“围剿”加剧，傅秋涛不得已在与老虎坪一坑之隔的大斧山，将三百余人的队伍又化整为零，让各部独立突围。突围之前，为轻装上阵，安置了病号、伤员，将爱人陈斐然留下照顾伤员，甚至将刚满一岁的女儿也送给老乡，仅带着老侦察出身的营教导员汪克明以及孔诚、汪其祥、李贵诚等十二名精干干部组成的队伍，于 1941 年 2 月 2 日，离开坚持斗争了二十几天的老虎坪、大斧山地区，展开了又一次往苏南方向的惊心动魄的化装突围。

沿途，他们灵活机动，或装作百姓，或装作国民党五十二师的便衣，晓宿夜行，风雨兼程。行至第三天，当小分队进入宣城境内的一条山沟里休息时，汪克明掏出怀表看时间，有两个人凑上来，看了看说，你这是瑞士表，经过一番言语交锋，始知对方是江南青洪帮大头目陈玉庚门下的两个徒弟，双方关系密切起来。

原来，新一支队的老一团在 1938 年 6 月，曾经随陈毅、粟裕等到江南进行战略侦察，一支队的老一团，曾在镇江、句容、丹阳、金坛等地活动，二支队在高淳、当涂、江宁、溧水一带活动。当时，日军已占领了南京一带，但由于兵力不足，在农村有许多真空地带。江南一带留下的国民党散兵游勇、社会渣滓乘机拉杆子起事。兵匪一家，有几个人、

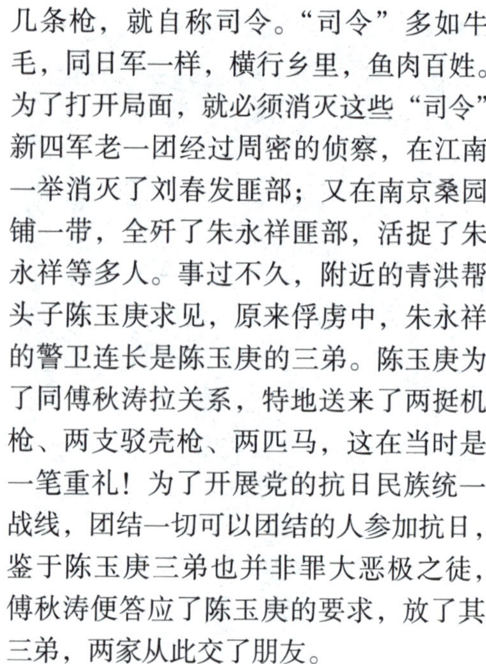

几条枪，就自称司令。“司令”多如牛毛，同日军一样，横行乡里，鱼肉百姓。为了打开局面，就必须消灭这些“司令”新四军老一团经过周密的侦察，在江南一举消灭了刘春发匪部；又在南京桑园铺一带，全歼了朱永祥匪部，活捉了朱永祥等多人。事过不久，附近的青洪帮头子陈玉庚求见，原来俘虏中，朱永祥的警卫连长是陈玉庚的三弟。陈玉庚为了同傅秋涛拉关系，特地送来了两挺机枪、两支驳壳枪、两匹马，这在当时是一笔重礼！为了开展党的抗日民族统一战线，团结一切可以团结的人参加抗日，鉴于陈玉庚三弟也并非罪大恶极之徒，傅秋涛便答应了陈玉庚的要求，放了其三弟，两家从此交了朋友。

在两个青洪帮门徒的帮助下，傅秋涛等越过了五十二师的最后一道封锁线，越过孙家埠渡过水阳江，进入了广德、郎溪、宣城交界地区（许多史书都说过了孙家埠就进入当涂境内，此说有误。因为，当涂县治在长江边上，从孙家埠到当涂有很长的距离，另外，若到了当涂，就不用回过头来，再过当涂北面的南漪湖去苏南了）。当队伍在一个村子休息时，遇上了国民党保安队，他们边打边退，一直退到南漪湖边。此时，只见湖边停着两只大船，他们被船主误认为是五十二师的便衣队，怎么也不肯给摆渡，眼见追兵已到，汪其祥急了，拿出枪来说：不走就打死你！被迫之下，船老大开了船。终于甩开了保安队。船至湖心，傅秋涛向船老大道歉，说明了自己的真实身份。船老大笑了，说：“如若不是及时说出你们是新四军，到了湖水深处，就准备沉船，将你们全淹死。”

为了确保傅秋涛等人的安全，船老

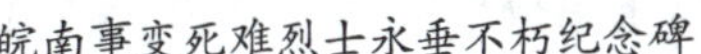
皖南事变死难烈士永垂不朽纪念碑

大把船停在湖心，驾一只小船先上岸，进入江苏高淳县境内了解情况。那里原是老一团后勤留守处的驻地，有良好的群众基础。就这样，在群众的掩护下，傅秋涛一行晚上上了岸。

过了湖，很快到达东坝地区，国民党五十二师又封锁了渡口，傅秋涛命令折回七八里地住下，派汪其祥到中坝去侦察，不料汪被保安团抓住，幸亏他斗争经验丰富，在押解的途中逃了回来。接着，傅秋涛在离下坝约两里的地方雇了一条船，过了河，经溧水到溧阳。2月10日，经过七灾八难、艰难曲折，历时一个月零四天，傅秋涛终于到了罗忠毅、廖海涛的新四军十六旅驻地，一行十二人全都胜利地回到了新四军的怀抱。过了几天，他们穿过长荡湖和太湖，到达无锡地区，在新四军六师师部，见到了师长兼政委的谭震林。在六师休息了几天后，刘少奇和陈毅来电，要傅秋涛到新成立的新四军军部汇报。傅秋涛在六师的护送下又渡江北上，在盐城见到了刘少奇和陈毅，终于回到了党的怀抱。

（本文选自红潮网，有删节）

千里击强虏　剑吼长城东

文/佚　名

电影《平原游击队》中智勇双全、顽强威武的主人公李向阳和《剑吼长城东》中令日军丧胆、威震关内外的主人公包真，这两个生动鲜活的形象在中国几乎妇孺皆知。但又有几人知晓这两位英雄却都源于同一人——被誉为“中国的夏伯阳”的抗日名将、冀东军分区副司令员兼冀东八路军十三团团长——包森。

包森并非冀东人，他出生于陕西省蒲城县三合乡义龙赵家村一户农民家庭。原名赵宝森，又名赵寒，小名亥娃。包森是抗日战争时期全国十九个根据地中，连接华北与东北的冀东根据地的主要缔造者。而智擒日本裕仁天皇的表弟赤本大佐，则令包森更具传奇色彩，他也因此成为日本天皇钦点的“活要见人、死要见尸”的中国将领。

智擒赤本

1938年在冀东暴动受挫后，包森受命于危难之际，领导了冀东敌后游击斗争。

1939年以来，日军对冀东抗日根据地进行了大规模的“扫荡”。为保存实力，包森将部队化整为零，分散在老百姓家里。被派到遵化执行特殊任务的宪兵队队长赤本，认为八路军已被消灭得差不多了，便寻思能找到心腹之患包森劝其投降，为此他找来了刚刚俘获的八路军战士王振西。

“你知道包森在哪儿吗？”赤本问。

“我是他的警卫员，还能不知道他在哪？”王振西说。

赤本说：“你带我去找他，我要和他面谈。”

于是，1940年4月26日，王振西带着赤本来到遵化东北的孟子院村附近。在临进村前，王振西对赤本说：“你带这么多部队，包森看见还不跑？再说，你也不能穿这身衣服。”赤本一听有理，便和翻译换上了礼帽、大褂，并将部队留在了村外。赤本认为经过春季“扫荡”、烧杀抢掠，包森一个人东躲西藏，找着他应该是手到擒来。

整个戏剧的“导演”包森在接到密报后，在村口埋伏了六七个侦察员帮老百姓打土坯。干活的地点在一个坝台上，坝台前就是过村的小道。当押解着王振西的赤本和翻译走到侦察员跟前的时候，突然，王振西指着后面的两个人说：“这是日本司令，这是翻译。”等待已久的贾振华、年焕星、马兰田等人立即从坝台上跳下，将枪口对准了赤本和翻译。这位天皇的表弟还未回过神来，便成了八路军的俘虏。

由于日军大队就在后面，众人急忙拖着两个俘虏前行。赤本极不配合，还“叽里呱啦”地乱嚷嚷，眼看日军大队快

包　森

1940年7月，包森指挥白草洼战斗，全歼日军武岛骑兵中队，创冀东成建制歼灭日军劲旅的首例。图中包森骑的战马即是白草洼战斗所获

到跟前，万般无奈的战士们在释放了翻译后，从老乡家里找来斧子，对着赤本的脑袋连砍三下，结果了这位侵略者的性命，并草草掩埋。当敌人来到的时候，几位八路军战士已分散隐蔽了。

赤本被活捉的消息令日本国内朝野大为震惊，立即组织了“赤本营救委员会”，派出大批日伪军在遵化“扫荡”一个月之久，终未得到赤本的音信。

威震敌胆

如果说智擒赤本是包森一生中最神奇的一笔，那么随后冀东西部地区盘山根据地的开辟越发显示出他那卓越的领导才能和超凡的战略战术。

1940 年元旦，冀东军区在遵化阎老湾召开了领导干部会议，提出重新开辟盘山地区为抗日根据地，并派包森以副司令员身份主持盘山地区的军事工作。

盘山，自古以来就是军事要地。它以“雄峰边关”的壮姿挺立在“冀东锁钥”之地，为华北通往东北的咽喉要道。虽然包森前往盘山时只带了一个侦察班，但敌人得知这一消息后，意识到这并非一般的军事活动，立即调动沿途所有兵力，层层设伏，多路围攻，还从北平调来一架飞机助战。战斗经验丰富的包森在艰苦的游击战斗后，毅然到达盘山地区，并迅速培训干部、剿灭土匪，于秋季正式建成了冀东八路军十三团，包森任团长。

包森在侦察敌情

1941 年 7 月，冈村宁次出任日华北方面军司令官，在接连对冀东进行了三次“扫荡”后，因兵力不足，改调四万五千名伪“治安军”来控制冀东。

面对伪“治安军”的猖狂行动，11 月 26 日，包森率领十三团一部发动了冀东第一个攻坚战——东双城子攻坚战，全歼敌一营。之后，他又以铺天火龙之势在刘备寨、梁子河等重创来敌，其中最为震惊中外、歼敌最多的是果河沿大捷。

那是在 1942 年 1 月 12 日夜，包森得知驻玉田的伪“治安军”翌日将进燕山口“扫荡”，在认真分析了敌我双方的情况后作出果断决定，要在果河沿打一场漂亮仗。于是他率部连夜急行军，于 13 日凌晨 1 时，布阵于遵化县西南果河北岸蔡老庄、蔡二庄一线。几乎与第十三团北移同时，驻玉田县城的伪“治安军”第二集团司令部及所属第三、第四两个团倾巢而出：司令部及第三团北进界山口入遵化境；第四团北入燕山口，于 13 日凌晨 1 时许抵达蔡老庄、蔡二庄的界山口，遭先抵于此的八路军第十三团第四连的迎击，缺乏夜战经验的伪“治安军”退回南岸死守阵地不敢动作。包森以三个连兵力正面牵制，以四个连兵力分两路连夜渡河迂回至敌后的燕各庄，形成对这股伪军的包围。

拂晓，战斗打响，八路军三个连从正面攻击，当即歼敌机炮连二百余人，其余五百多人向南狂逃到燕各庄村头，被预伏于此的八路军全歼。另一部分三百余人，在日本教官的率领下，逃入小山上的憋姑寺内，据险顽抗待援。此时包森获悉伪“治安军”第二集团倾巢出动，前来救援，便当机立断：派出警戒部队阻击援军。之后，包森来到担任主攻任务、久攻不下憋姑寺的三营一连阵地，问三营营长耿玉辉：“老耿，你多大年纪了？”“四十岁了！”老耿不解地回答。不露声色的包森长叹一声说：“确实老了，不行了！”这激将法气得耿玉辉甩掉棉坎肩、“嗖”地拔出手枪，率先冲向憋姑寺。全营官兵一呼百应，发起了决死冲锋。寺内伪军见援兵无望，又遭猛击，便打死日本教官，晃起白旗投降。下午3时左右，伪“治安军”第二集团司令部及所属第三团赶到燕各庄援救，又被八路军警戒部队打得丢盔卸甲，狼狈逃窜，溃不成军。

此战八路军伤亡仅三十余人，全歼伪“治安军”第四团，毙俘敌军千余人，缴获山炮两门，迫击炮四门，轻重机枪二十六挺，长短枪七百余支，弹药十余万发及其他大量军用物资。俘敌八百余人，创造了以少胜多、以弱胜强的奇迹。

晋察冀军区接到战报，大喜之下唯恐失实，令重查再报。然而经核实再报，战果与原电无误，方确信无疑。连日军第二十七师团长官铃木启久少将对此战果也感到奇怪：“不知怎么，八路军忽然有这样大的力量，把治安军打得溃不成军！”果河沿大捷严重挫败了日军“以华治华”的图谋。

（选自中国网军事）

包森烈士纪念碑

卢志英——牺牲在黎明前的红色特工

文 / 武健华

卢志英

周恩来送来结婚贺礼

1925 年，二十岁的卢志英加入了中国共产党。1927 年，“四一二”反革命政变后，党组织派卢志英打入陕西省蒲城县保安总队，任总队长，利用这一身份从事秘密兵运工作。事发后，卢志英被捕，被关押到蒲城县驻军师部。

营救他的是假扮他妻子的中共党员、蒲城小学女教员张育民。张育民冒着生命危险闯入敌师部，救出了卢志英等五位被关押的共产党员。卢志英脱险到达宝鸡后，化名“卢涛”给张育民写了一封感谢信，还寄了五十块大洋，约她赴北平求学深造。

1928 年 8 月，卢志英与张育民结婚。周恩来亲自送来一对绣有鸳鸯戏水的枕头作为贺礼，并握着他们的手亲切地说：“祝你们互敬互爱，相扶相依，白头偕老，革命到底！”

在这期间，卢志英夫妇除了做兵运工作和搜集军事情报外，还利用各种方式为中共北平市委筹集了上万元的活动经费。

卢志英生前使用过的怀表

“炮制”出“剿共模范”

1930年，周恩来将卢志英从北平调到上海中央特科，继续从事秘密情报工作。此后，在周恩来、李克农的直接领导下，卢志英在京、沪、杭之间往来穿梭，先后建立了几十个秘密联系点。在他的谍战生涯中，最精彩的当数拿到蒋介石对中央苏区进行第五次“围剿”的“铁桶计划”。

1934年夏，党组织派卢志英夫妇到江西做地下情报工作。卢志英化名“卢育生”，打入国民党江西赣北区行政督察专员兼保安司令莫雄的司令部，任上校主任参谋兼“清乡”委员长。

卢志英一方面争取思想进步、同情革命的莫雄司令，另一方面利用特务头子康泽的关系接近“剿共”总司令陈诚，陆续将一些中共党员安插在国民党的特务机关。短短三个月，便建立起了一个神通广大的军事情报网。

当时，蒋介石已开始对苏区进行“围剿”，由其德国军事顾问塞特克制订出了一个“铁桶计划”。为了拿到该计划，卢志英的思路是，要想获得情报，首先得帮莫雄立稳脚跟。既不让他真打红军，又要帮他博得蒋介石的信任。一场热闹的大戏就这样开演了。

莫雄的保安队按照日程与红军“打仗”。很快，德安周围的红军全被“肃清”了，实际上，红军早就安全转移到其他地区了。但蒋介石并不知情，一封封捷报送上去，国民党当局自然开心，不断对莫雄进行通报表扬，德安一时成了“剿共模范区”。一时高兴的蒋介石还让本不够格的莫雄上庐山参加最高级军事会议。

1934年10月初，莫雄带着一大包文件从庐山开完会回来，经过一番思想斗争，他将庐山会议上制订的“铁桶计划”交给了中共情报人员项与年。卢志英和项与年等人连夜将情报上的敌人兵力部署、进攻计划、指挥机构设置等要点逐一密写在四本学生字典上，直到天亮才将整个“铁桶计划”密写完毕，并由项与年负责送出。拿到这份计划后，中共中央很快组织突围，开始了长征。

在上海很吃得开

抗日战争全面爆发后，卢志英被调回上海，开展对日军的情报工作。

1938年2月，在被日军划为禁区的提篮桥监狱斜对面，出现了一家沪丰面包厂。这家面包厂是由日军驻吴淞海军司令保岛特批的，厂长叫周育生，其实就是卢志英。这家面包厂表面上是为了解决国际难民的口粮问题，实际上厂里送面包的工人都是中共地下党员，他们专门负责收集虹口一带的军事情报。此外，卢志英还通过朋友在上海大世界等闹市区开设了大中华咖啡馆、唐拾义药厂、金龙三轮车制造厂，作为共产党的秘密联络站。

那时的卢志英在上流社会吃得很开。为了结交保岛，精通日语的卢志英在他的咖啡馆里搞了一个“献艺会”，让食客

卢志英和妻子

卢志英烈士用过的皮箱

卢志英烈士故居

们自愿上台展示自己的音乐才能。一个偶然的机会，卢志英得知保岛酷爱琴弦，便投其所好，将“献艺会”改为“中日琴弦演艺共赏会”。一次，保岛忍不住走上台来，盘坐在古筝前弹奏了一首曲子。曲罢，卢志英“恳求”保岛与他共和一曲。保岛点头答应，于是点了一曲《春江花月夜》。保岛弹古筝、卢志英拉二胡，两人就这样演奏了起来。此后，卢志英经常拿着二胡出入保岛官邸，与保岛切磋琴艺。就这样，卢志英成为保岛难得的“知音”和“挚友”。

与保岛搭上线后，卢志英接到了为新四军搞药品、枪械的任务。几番思索后，卢志英带着钞票走进保岛官邸，声称自己的一个亲戚是当地大户，近来不断受到土匪侵扰，打算建立一支乡村武装，需要采购一批枪械和药品。保岛知道卢志英另有企图，但面对重金，他还是“听从”了卢志英的安排。

脚踏“两只船”智取情报

1945年日军投降，国民党“劫”收上海后马上搞了一场“肃奸活动”，还成立了“肃委会”，表面上是要清除“日奸”，实际上是要继续铲除共产党。

赣北特务头子郑少石任上海国民党“肃委会”副主任。郑少石与卢志英有旧交，便马上通过别人联系上他。两人见面后，卢志英诉苦说，由于受人排挤，自己组织了一支队伍，这些年一直在帮日本人做事，想请郑少石帮他谋个差事。没几天，在郑少石的竭力保举下，卢志英出任中统上海沪东区副主任。一时间，沪东敌特情报机关里、警察局里，从科长、行动组长、机要员到秘书，都有卢志英的人。卢志英似乎还觉得“不过瘾”，他有意将中统的秘密泄露给了军统。戴笠知道后，私下与卢志英拉上了关系。就这样，卢志英又当上了军统的情报员。但令人痛心的是，卢志英的一个助手张莲舫向中统特务机关自首，将卢志英出卖了。中统随即秘密逮捕了卢志英。特务虽然对他施以种种毒刑，但还是一无所获。最后，只好将他押往南京。1948年12月27日晚，卢志英被敌人残忍地活埋于雨花台的一座小山上，他牺牲时年仅四十三岁。

（本文选自《中国老年报》）

伉俪抗日　血染青山

——记陈海萍、吴丹心夫妇

文/钟　平

陈海萍（1908—1943年），海南儋州市人。吴丹心（1910—1945年），海南儋州市人。

1926—1928年，陈海萍与吴丹心在府城琼海中学、广东六师（今琼台师范学校）读书，并参加了中国共产党，尔后结为伉俪。陈海萍曾任那历党支部书记，琼崖独立总队政工队长、副大队长，万宁县抗日民主政府秘书，澄迈县办事处第一科科长等职。吴丹心曾任那历党支部组织委员、儋县妇女协会和妇女抗日救国会主任等职。

一对年轻夫妇，凌云壮志，血气方刚。为抗日救亡，他俩投笔从戎，勇赴前线，并肩杀敌，血染青山，谱写了一曲可歌可泣、感人肺腑的壮歌。这对年轻夫妇就是陈海萍、吴丹心，他们的英勇事迹令人永远难忘，时时激励着家乡的年轻一代爱国爱民，勇往直前。

投笔从戎　齐赴前线

1937年7月7日，卢沟桥事变，日本帝国主义发起全面侵华战争。在国难深重、民族危亡的严峻时刻，全中国人民掀起了轰轰烈烈的抗日救亡运动。

在琼崖，抗日救亡的呼声遍及全岛，广大人民群众一致奋起，坚决抗日。1937年夏，吴丹心出任儋县妇女协会主任，陈海萍积极支持她从事妇女运动，并偕她到白马井、新英、新州等地发动妇女勇敢地为国家民族的自由解放而斗争。同时在县区党委的领导下，建立了那历村党支部，陈海萍任书记，吴丹心兼任组织委员，胞弟陈荆（冠雄）任宣传委员（后由林木青接任）。为了扩大党组织，他们积极吸收进步青年入党，创建“农民同心会”“平民阅报社”，经常出版墙报、黑板报，印发传单，宣传抗日。他们动笔写抗日评论，唤醒群众，一致抗日。其中《告海头渔民书》一文揭露日军抢劫、杀害渔民的罪行，号召渔民、农民团结抗日。1939年4月，儋县沦陷了。陈海萍和吴丹心目睹日军的铁蹄蹂躏美丽的家园，义愤填膺，誓死要保家卫国，于是一起投笔从戎，奔赴前线。

现在的儋州市海头镇

怒火中烧　锄奸歼敌

1939年4月16日，儋县汉奸吴卓峰认贼作父，带领日本侵略者从北部湾悍然登陆儋县白马井镇。此时，陈海萍、吴丹心怒火中烧，恨不得把那些卖国求荣的汉奸和日本侵略者杀个精光——这也是当时每个有血有肉的中国人民的心愿。

那个时候，他俩已有两女一男携绕膝下。为了抗日救亡、消灭侵略者，他们忍痛“割爱”，把孩子交给老母亲和胞弟抚养，毅然参加了抗日独立队，坚持武装斗争。

自那时起，吴卓峰的魔爪也伸进了陈海萍的家乡——海头地区。吴卓峰任命麦兆丰为伪“海头分会会长”，组成三十多人的伪“警察队”，以当地的投敌分子——汉奸姜车为队长。姜车招罗其亲信姜航、姜舆、姜奋鹰为助手，到处横行霸道，为非作歹。

由于麦兆丰和“姜氏四霸”狐假虎威，狼狈为奸，经常下乡烧杀抢掠，无恶不作，甚至吃人肝、人胆，以致群众恨之入骨。于是中共儋县县委倾听受难民众的呼声，遵循我党抗日民族统一战线的方针，指示我党抗日特务游击中队联合当地农民武装（含国民党游击队）把那些吃人的汉奸消灭掉。

同年秋，党组织决定派陈海萍和薛炯（后任白沙县县长）到白沙县去联系国民党游击队陈文才和吴国祥（这两人为中共预备党员，他们分别当游击队中队队长和副队长，后来叛变），成立地下党支部，组织抗日武装，团结抗日，消灭海头地区的日伪据点。

经过陈海萍等人的积极活动，将白沙县重合乡国民党游击队改组、扩编成一支有六十余人的武装队伍——白沙县抗日游击队独立第一中队。陈海萍任指导员，陈文才、吴国祥分别为队长、副队长，林木青为文书。与此同时，又分别派人到昌江县海尾、白沙县高石、车雅等地跟抗日武装联系，准备多方支援，团结一致，消灭敌人。

为了攻克伪“海头分会”、伪“警察队”和伪“盐务所”，成立了战地指挥部“海头军民攻奸指挥部”，陈海萍为总指挥。12月13日凌晨，各方抗日武装和农军齐集海头地区。战斗开始了，枪声一响，各方农民闻讯纷纷赶来增援，上自儋县排浦南华，下至昌江县海尾一带的农民，他们拿起大刀、长矛、铁镐、土炮等，蜂拥而至。数千军民，浩浩荡荡，有如烈火燎原之势，打得敌人惊慌失措，屁滚尿流。17日晚，李汉也率领琼崖独立总队第九中队从昌江县赶来援战。吴丹心参与宣传工作，并发动妇女群众送饭、送水，供应战地军需。结果经过四五天的激战，终于捣毁了敌伪据点，击毙了汉奸麦兆丰及其爪牙十余人

（“姜氏四霸”趁黑夜逃遁），缴获了一批武器，广大人民群众拍手称快。这就是陈海萍运用毛主席的战略战术，机动灵活，团结一切抗日力量所取得的战果。

但是过了几天，12月21日（农历十一月十一），日伪军卷土重来，实行“三光政策”，把海头镇那历村、新市等革命村庄焚为焦土，这就更激起革命志士和人民群众对惨无人道的日军、汉奸的憎恨！

抗日救国　血洒青史

1940年夏，抗日游击队独立中队由于遭受日军冲击，而转移到白沙县七坊乡的高石、雅围、光雅一带活动，国共两党渐趋分化，党组织就将陈海萍调到琼崖独立总队政工队。翌年4月，琼崖独立总队第三支队成立，儋县抗日武装编为第二大队，潘江汉任大队长，陈海萍为副大队长。不久，三支队南进，陈海萍留下成立“七坊乡人民抗日救国指挥部”，并兼任党代表。在白沙县岭脚村的一次反“扫荡”、反“蚕食”战斗中，陈海萍勇敢沉着，指挥军民击垮日军的进攻，杀伤了数名日军，击毙了一名日军军官。1942年党组织委任陈海萍为万宁县抗日民主政府秘书，1943年调任澄迈县联乡办事处第一科科长。在反击日军“蚕食”的战斗中充分体现了他是一个有智谋有胆略的坚强的共产主义战士。他动员青年抗日救国，上前线杀敌，组织建政、民运和对敌斗争、战斗不息。为表示他对侵略者血战到底的坚定志向，他咬破指头，用鲜血写了“抗日救国”四个大字，大大激励了广大军民抗日杀敌的决心。他还写信给吴丹心，勉励她要与敌人血战到底，多为抗日救国作贡献。

但是，不幸的时刻到来了，1943年12月28日，日军袭击澄迈县林峨村，陈海萍指挥常备队与敌人周旋，杀伤了敌尖兵数名，然而在掩护部队转移中，他壮烈牺牲了。是时，陈海萍年仅34岁。失去了他，军民哀痛，吴丹心更悲伤！但大敌当前，国难深重，吴丹心决心化悲痛为力量。为继承丈夫未完的杀敌意愿，吴丹心依然在白沙、儋县、昌江、东方一带，辗转战斗，有时配合部队反“蚕食”战斗，有时为部队送军需、送情报，不把日军、汉奸消灭不罢休，不为丈夫报仇雪恨不甘心！岂料叛徒告密，在抗战胜利前夕——1945年7月，吴丹心于东方县港门被日军杀害，年仅三十四岁。

一对恩爱夫妻，为民杀敌，为国捐躯，血洒青山，永垂青史！他们永远是祖国人民的好儿女，是共产主义的优秀战士！他们可歌可泣的事迹，永远是激励中华民族爱国同胞奋勇向前的壮歌！

（本文选自海南史志网）

琼崖抗日游击队独立纵队

新四军传奇女战士朱竹雯

文/佚　名

认识朱竹雯奶奶的朋友都喜欢尊称她为“蚕奶奶”，因为她将青春奉献给了她喜欢的蚕桑事业。蚕奶奶一直从事她心爱的蚕桑事业，她现在虽是九十多岁的老人了，但仍然忙于蚕桑事业。蚕奶奶既是革命工作者，又是科研工作者，让我非常敬佩和感动。1938 年，十六岁的她参加革命。1941 年加入中国共产党，作为新四军的一名女战士，跟随管文蔚司令员转战大江南北整整十年。战争胜利了，干什么好呢？朱竹雯青少年时期在丹阳正则女子职业学校蚕桑专业学习，她决心要用自己所学的蚕桑科学知识使广大农民朋友增加收入，让人们生活过得更加幸福美好，从“蚕姑娘”到“蚕奶奶”这一干就是六十多个春秋。

参加丹阳游击队

朱竹雯原名张云，从鸣凤小学（现丹阳实验小学）毕业后，妈妈送小张云去吕凤子先生创办的丹阳正则女子学校学习，在许多女孩子都选择刺绣、师范、烹饪专业时，她却选择了蚕桑专业。她好动，喜欢蚕宝宝，更爱大自然。

1937 年 8 月 13 日，淞沪战事爆发，日本兵打到了家乡丹阳，她别无选择，投笔从戎。当时丹阳四乡都流传着这样一个消息：管山有位抗日志士管文蔚，他号召各村十六岁至五十岁的青壮年组织起来，编成抗日自卫队，保家卫国。小张云听到后也想去报名参加，但是得到的答复是不收女的，当她找到管文蔚后，管文蔚见她是位女青年，有点诧异，站起身来问：“有什么事？请坐下来讲！”小张云心情有点紧张，说：“打日本鬼子，人人有责，人不分男女老少，都有抗日救国的责任。如今怎么又不收我们女同学呢？”管文蔚严肃认真地听了她的意见，说：“你有抗日救国的热情，决心也很大，我很欢迎。但是，抗日自卫团成立不久，许多事情尚未安排好，譬如说工作分配、吃饭住宿等，你们来了怎么办呢？等我们再准备个把月，你们来，就可以陆续分配你们到适合的地方去了，再等一等好吗？”“好的！”小张云高兴地向他告辞了。

1938 年 5 月，小张云正式参加了丹阳游击队，被分配到抗日宣传队工作，任务是到各乡镇向群众宣传抗日救国。一次，她在丹阳访仙地区遇到已参加了游击队的鸣凤小学同学殷逸，看到殷逸同学正在搬运手榴弹，那时殷逸正在从事游击队的军需工作，小张云想要拿手榴弹与日本兵拼命，但殷逸不给，说等以后领导分配，他无权分配。当时各方面条件都很艰苦，每天住宿也没有固定的地方，经常住在老百姓家里，用稻草铺起来作为简易床，每天还要背米，背上的那些用布衣袋装着的米大概有两三斤。

管文蔚（左二）和朱竹雯（左三）

嘉山下有一个美丽的爱情故事

丹阳县城东北有一片丘陵山地，最高峰名为嘉山，海拔虽然只有一百四十九米，却是“横卧长江边，壁立千仞，状如伏牛”，山势逶迤，在一马平川的江南倒也并不多见，颇具特色。它的南部有一座名噪千年的古寺——嘉山寺，又名龙庆寺，管文蔚的家便在嘉山西北角倪山村。自从小张云参加游击队以来，她一直非常认真地从事着抗日宣传工作，她胆子大，不管当着多少人都敢演讲，许多群众也都喜欢听她的讲话。直到有一天，管文蔚找张云“谈心”，当时房间就他们两个人。管文蔚说：“听说你们宣传队到离丹阳城六公里的东洋桥去宣传，去的六个人中只有你一个女同志，是吗？深入近敌区工作，是要有点勇敢精神的，能这样工作是好的。”张云低着头说：“做这点儿工作，不算什么。”管文蔚问道：“打败日寇后，你准备干什么？”张云说：“有什么干什么，我学过蚕桑技术，可以到农村指导农民养蚕，也可以当小学教师。”管文蔚沉吟了一会儿说：“你这是为个人谋出路的人生观。”管文蔚从容地说：“我要为全人类、全体劳动人民都获得彻底解放，铲除人剥削人、人压迫人的社会制度，使全世界的劳动人民获得真正的自由、平等、民主而战斗。”管文蔚停了一会儿又望着张云说：“这是革命工作，是长期的、艰苦的，我需要有人帮助，你帮助我好吗？”张云好不容易说出口来：“我年轻、文化低、能力差，不能胜任，你还是另请高明吧！”管文蔚回答说：“这没关系，你可以一边工作一边学习，而且我可以帮助你。”于是，张云留在了司令部工作。

就这样，张云开始了她的新生活。白天，她随管司令前往各个连队视察与指导工作，晚上则坐在油灯下学习政治与文化知识。他们也去攀登村旁的嘉山。有一天，在嘉山的山顶上，管文蔚对张云讲了陆游的《夜泊水村》一诗：“一身报国有万死，双鬓向人无再青。”管文蔚指着嘉山山麓北边的镇澄公路，告诉张云，自己当初是如何默念着这首诗而立下抗日救国的远大志向的。“那是个晚霞出奇美丽的傍晚，在嘉山脚下倪山村西的那片桃园里，那里景色优美，美如世外桃源……”管文蔚停下了脚步，神情庄重地向张云求婚。张云听了之后不知道说什么好，她的脸一下子红了起来。

1938年10月，金秋送爽，稻穗飘香，管文蔚在喜庆的鞭炮声中迎娶了与他心心相印的姑娘。婚宴就设在管家的厅堂上，一共请了三桌客人，有亲朋好友，也有挺进纵队的同志们。

朱竹雯与丈夫的合影

送什么给她作为新婚礼物呢？他愣了半晌，随即便快速冲出了门外，不一会儿，他双手擎着一束红得滴血的鸡冠花回来了，对着新娘张云说：“对不起，院中只有它……相信我，等到革命胜利的那一天，我一定会将天下最美丽的鲜花一起采来献给你！”那晚，当宾客散尽之后，管文蔚紧紧抓住张云的手说：“从此以后，你我将风雨同舟，相依为命……”张云用劲地点了点头。

抗战时指导江都百姓养蚕纺织

1939年，因为抗战需要，新四军挺进纵队北上苏北江都吴桥小荡村，张云随丈夫管文蔚同行。张云与管文蔚住进了李家。当时陈毅司令特地下令，部队在村上不准随便走动，不准惊扰村民，很快解除了当地人和李家的顾虑，赢得了当地人民的支持。虽然李家是当地有名的大地主，家宅硕大，但新四军住进李家时，依然个个打地铺，用稻草铺在地上，然后再铺张席子。当时包括陈毅在内，大家都是打着地铺，后来李家老太爷看见新四军如此守军纪，就腾出一间厢房，里面有一张床和一张桌子，给陈毅居住和开会用。因为是夫妻，又是新婚，虽然住进李家，但按照当时当地的风俗和习惯，张云和管文蔚不能住在一起。那个年代的爱情美好单纯，张云每天能看到丈夫，她就很开心、很满足了。“现在已经记不得当时小村的样子了，不过我们跟当地人相处融洽，没有发生过一点不愉快的事情，特别是陈毅元帅，更是融入了当地，得到了当地人的尊重。”张云后来回忆说。

在吴桥李家的短暂时间里，张云积极响应陈毅和管文蔚的号召，用自己所掌握的蚕桑专业知识教当地人养蚕。在吴桥时，她发现当地有养蚕的传统，但没有先进的饲养方法，便主动担任技术指导，帮助村民养蚕，发展了当地的纺织业。张云晚年依然牢记江都人民，因为当地人民救过她和孩子的命，是江都人民给了她第二次生命。当时她怀着六个月的身孕，因为前方战事紧张，她不得不和弟妹转移到丹阳生养。那天天气阴沉，她和弟妹从吴桥出发，来到江边后，发现一群日伪军老远就向她们喊话，让她们停下来，张云被迫躲进江边一家茶棚，茶棚男主人了解情况后，将张云身上携带的介绍信和钢笔等物件藏进茶桶，让她们装扮成自己的亲戚，当日伪军前来搜查时，一无所获，只好离开。

“如果当时被日伪军逮住，肯定没命了。那个男的很勇敢，也很聪明，是我们的救命恩人哪，可惜我都不知道他的名字，现在更是找不到一点踪迹了。”张云回忆起这段往事时感慨地说。

参加郭村保卫战

张云作为新四军挺进纵队司令员管文蔚的夫人，到郭村后，主要负责民运（发动、组织群众起来抗日）工作。虽然是首长夫人，可是张云也跟大家一样，积极担负与战争相关的工作。民运工作主要是发动群众，如组建儿童团、妇女队等，宣传要抗战、要团结、人人都要出力。张云还教孩子们和年轻的妇女们唱歌。郭村保卫战枪声响起之后，张云的首要工作是宣传，另外还要联系群众，以取得群众的支持。当地群众帮忙挖战壕、削竹签、送茶饭、把门板卸下来当担架……郭村保卫战是新四军东进时打的第一场比较大的战斗，以前遇到的敌人都是十几个或几十个，这一战却有上万人。她回忆，当时国民党的部队一遍又一遍地攻打我军阵地，打完了东边打南边，新四军发现对方打仗的特点后，就发动周围群众帮新四军守战壕，民兵都去弄个扁担，弄个帽子，把帽子顶在扁担上，走来走去，让敌人误以为这里的战壕也有部队，其实新四军主力部队都集中到另一边打仗去了。

后来，张云在苏中金库负责极其重要的财经工作。当时日军对她所在的苏中抗日根据地进行频繁“扫荡”和“清乡”，部队的财产没有一个固定的存放场所。如何才能保全部队的财物呢？负责背钱的女战士大部分都是十六七岁的女孩子，在“扫荡”最严酷的阶段，她们几乎夜夜行军，天天搬家，连晚上睡觉的时候也不能离开钱袋一步。每当遇到敌人“扫荡”，财经人员就得跟随部队撤退。为了不暴露目标，财务人员时常付出生命的代价。随着苏中抗日根据地的不断壮大，苏中地区的税收也不断增长。如何保管好这些钱财，财经部门的同志们动了很多脑筋。后来她们选择了一艘大渔船，决定把整个苏中的金库都转移到渔船上，这样部队就可以减少保护的力量。

“蚕姑娘”走进蚕事业的春天

解放战争终于胜利了。虽然身为无锡军管会主任管文蔚的夫人，但是就凭张云的革命经历当个领导干部也是理所当然的事。那年她二十七岁，夫妻俩谈

朱竹雯老人参观温蚕室

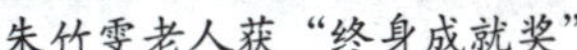
朱竹雯老人获“终身成就奖”

了一夜。当年参加革命不就是为了建设新中国吗？现在全国解放在望，有多少事情等着去做啊！做什么好呢？管文蔚说：“你是学蚕桑专业的，还是去搞蚕桑吧！”张云说：“可是以前学的知识忘得差不多了！”管文蔚用鼓励的眼光看着张云说：“不要怕，你能行，一定能行！”就这样，张云二话不说，选择了蚕桑事业。为了不让周围的人知道自己是管文蔚的夫人，她改名换姓，从张云变成了朱竹雯，打起背包，到了前不着村后不着店、和无锡城还隔着一道山的蚕丝试验场。她或打地铺，或和实习生睡在一起，或与技术员住在一个房间，一边学习，一边工作，不懂就问，不仅把过去学过的知识捡了回来，还学到了许多新知识，很快就成了行家里手，当之无愧地担任了无锡蚕丝试验场场长。朱竹雯针对江苏缺少培苗技术的现状，组织场圃育苗试点，通过“请进来、走出去”，创造了多种先进的桑树育苗技术，使江苏桑苗繁育技术迅速普及，成为全国重要的桑苗供应基地，多年保持了江苏蚕桑生产全国第一的规模。

（本文选自中华魂网）

朝鲜战场上精通外语的志愿军女兵

文/黄继阳　程绍昆

在抗美援朝战争中，众多精通外语的巾帼英雄驰骋疆场，她们和男战友一道，有的深入前线坑道进行对敌广播喊话，开展瓦解敌军的工作；有的在战场上收容、讯问放下武器的敌军被俘官兵；还有的在中国人民志愿军战俘营参加对“联合国军”战俘的管理。她们不畏艰险，不怕困难，屡屡在枪林弹雨中完成艰巨的任务，她们的贡献至今依然对中国与世界的民间交往起着积极的推进作用。刘禄曾就是她们中的一员。

让战俘感受尊重

刘禄曾1947年考入上海东吴大学法学院学习国际法专业。抗美援朝战争爆发后，临近毕业的刘禄曾，毅然报名参加志愿军，被分配在志愿军第九兵团政治部敌军工作部担任英文翻译。

在志愿军第九兵团俘管团收容所，刘禄曾同战俘逐一谈话，核实情况，做细致的思想工作。刘禄曾对战俘詹姆斯·柏特纳的思想改造工作，至今仍被很多同志奉为经典。

经刘禄曾了解，柏特纳是美国海军陆战第一师的新兵，入伍前在一家餐馆洗碗。消除了对方的疑虑后，刘禄曾问起柏特纳来朝鲜的理由。柏特纳的回答很实在：“我喜欢旅游，但是没有钱买车，因偷了别人的车，要判刑坐牢。政府当局和军方都说，入伍去朝鲜，可以免除坐牢。还说朝鲜的女人很漂亮，军队里免费供酒，薪酬也高。我听了很乐意，就答应了。”

刘禄曾进一步问道：“你们国家和朝鲜相距万里，你们这些当兵的对我们这些对手都了解些什么？”

“军方说来朝鲜是阻止你们侵略，不出几个月就能轻松获胜。随军牧师说上帝与我们同在，在朝鲜战场上是平安的。”

“那现在呢？”

“哪知道你们这么厉害！我头一回上战场就当了俘虏。”柏特纳答道。

这样的交谈，刘禄曾并不是一味说教，而是想各种方法，在实践中体现我军的俘虏政策。

上甘岭

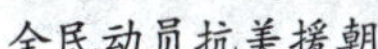

全民动员抗美援朝

当俘管团收容所准备将包括柏特纳在内的一批战俘向后方战俘营转送时，柏特纳突然发起高烧。刘禄曾立即请来军医，在诊断为感冒后，及时给柏特纳吃药治疗，让他的病情迅速好转。由于患病初愈的柏特纳身体虚弱，长途行走困难，刘禄曾又报告领导批准他乘车。在转移途中，志愿军一位小战士曾用手指刮柏特纳的鼻子，想逗他提提精神。刘禄曾看到后当即制止这位战友，并告诉同志们“刮鼻子”有可能让对方产生误解，还给他们讲了很多注意事项，使管理人员和战俘们相处得更加融洽。

刘禄曾的工作使柏特纳深受感动。他在战俘营里表现得越来越好，经常在战俘营办的墙报和刊物上投稿，明确提出“当志愿军的俘虏是一件庆幸的事”。

上甘岭上的“夜莺”

上甘岭战役中，“联合国军”共投入六万余人的部队，出动飞机三千余架次、大炮三百余门、坦克近两百辆，对我志愿军驻守的不足四平方公里的阵地发起猛攻。

作为一名英文翻译、敌工干部，刘禄曾在志愿军二十四军七十师上甘岭前沿阵地 399.8 高地的坑道里，每天冒着生命危险，不间断地开展对美军的广播喊话工作。在白天，不能使用扩音设备，刘禄曾只是拿着一个长柄喇叭，透过坑道的洞眼，向着距离不足一百米的美军用英语喊道：“不要在美国侵略朝鲜的非正义战争中送死！”“中国人民志愿军保证战俘的生命安全！”“我们要和平，不要战争！”她的声音洪亮、圆润，在战场上也让敌人听得一清二楚。到了晚上，广播小分队使用手摇发电机通过安装在山顶上的大喇叭继续进行对敌广播。夜深人静的时候，向敌军播放美国歌曲。刘禄曾充当音乐节目主持人，谈吐优雅，用词幽默，被一些美国士兵称为“夜莺”。

驻守在上甘岭阵地的我志愿军部队不畏强敌，英勇反击，最终取得了辉煌胜利。刘禄曾在朝鲜战场上的工作成绩出色，尤其是在上甘岭战役中的顽强表现，受到领导和战友们的一致表扬。战

部分从事对敌广播的志愿军女战士

斗结束后，很多敌军俘虏竟提出想要见一见每天都要收听的播音员小姐。

二十六年后的再会

刘禄曾从朝鲜回国后，到南京国际旅行社担任美大部经理。1979 年 4 月下旬，她随八十六岁高龄的吴贻芳博士应邀到美国进行了为期两个多月的访问。在纽约的晚餐会上，一位男士走到刘禄曾跟前。

“请问，你是从中国来的吧！如果我没有记错，你姓刘，是二十多年前中国人民志愿军的一位翻译官。”这位美国男士很有礼貌地说。

“你是詹姆斯。”刘禄曾也记起来了。二十六年前的往事涌上了心头。两双手紧紧地握在了一起。

“当年在朝鲜战场上，在志愿军战俘营里，你和你的志愿军战友们对我这个美军战俘很和气、很友善。圣诞节时，你还给我们每人发圣诞礼物——一枚红底上写着白色‘和平’字样的小别针，我至今还保存在家里。”柏特纳激动地对刘禄曾说。

在得知柏特纳现在已经是一家知名餐厅的老板时，刘禄曾高兴地说：“没有想到我们会在纽约相会。人与人之间本来就应该这样友好交往的。”

（本文选自《人民政协报》）

剑叶碧簪　九死一生

——宁波女儿李又兰的传说

文 / 陈雅珍　王泰栋

李又兰与丈夫

李又兰（1919—2012 年），生于 1919 年 12 月，1938 年参加新四军，同年 6 月加入中国共产党。抗日战争时期，她历任新四军军部速记班学员班长、新四军军部巡视员、华中局党校组织干事、新四军第三师政治部组织股长、新四军第四师抗大四分校组织干事、师部秘书。解放战争时期，她历任华中局秘书、华东海军司令部秘书。中华人民共和国成立后，她历任华东军区司令部秘书、中国民航总局政治部组织科科长等职。1975 年，任国防科委办公室副主任，1985 年任军委办公厅办公室主任。

李又兰是宁波的女儿。她的传奇故事，是宁波的宝贵财富，是宁波的骄傲。

1944 年春天，李又兰依依不舍地把八个月大的儿子留在小港老家，回到抗日第一线。临行前，与儿子在宁波一家照相馆留影。

咏兰诗词我们读过不少，赞美兰之高洁、幽雅、美好、清香，甚至孤傲，都耳熟能详，但是把兰花形容成“剑叶碧簪”的，大概只有中华人民共和国前国防部部长张爱萍将军了。

1974 年秋，张爱萍将军写下了一首《咏四季兰》的词：

自闲在幽谷，祈降尘世中。
剑叶碧簪素蕊洁，冰肌玉心融。
清香染满堂，淡雅风雍容。
虽是岁寒霜雪夜，芬芳胜春浓。

将军能读出兰之独特形象和品格，是因为他的心中有兰——夫人李又兰。这是他对夫人的赞美和评价。

张爱萍将军的夫人李又兰被称为“军中幽兰”，这不仅是因为她的名字中有“兰”字，还因为她的美丽大方，更因为她的戎马一生。

家训：以救国为己任

李又兰出生于一个钟鸣鼎食之家——宁波市北仑区小港镇李家。

李家有多富裕，现在已经无法衡量了，李又兰只记得小时候在老家生活时，家里房子“画栋雕梁”，大得不得了，一房连着一房，如果没有人带着她走，她会在家里迷路。长大后看了《红楼梦》，这才有了参照物，她说：“我家就像红楼梦里的大观园。”

李又兰的父亲李善祥，是一位以救国为己任的实业家，在我国历史上写下了可圈可点的一页。

1912 年，李善祥辞去镇海县民政长（县长）之职，带着妻子和两个书童到东北锦州创业，走上了实业救国、教育救国之路。

他从美国购进新式铧犁，创办恒康农场；他购进德国西门子发电机，装上西门子电话；他在锦州开办商号、油坊，搞活了辽西经济。

他在东北第一次以资本主义股份制方式经营，第一次用农业机械耕种，第一次在盐碱地试种水稻成功。

他在锦州庙沟开垦土地，打了二十三口井，抽水灌溉土地，种植苹果。并采用先进技术，改良品种，创造了“红元帅”“国光”苹果。

他在自家果园——生生果园创建耕余学院，有小学部、中学部、大学部，免费培养贫苦孩子。

这样的父亲会给孩子们什么样的家训，对孩子们又有什么样的期望？李又兰说，父亲没有要求他们继承家业、积累财富。事实上，中华人民共和国成立时，李善祥把在锦州的全部动产和不动产，都捐赠给了社会。

李又兰说，父亲要求他们“救国”，要求孩子们认准一个目标，勇往直前，决不后退。一开始的目标是反帝反封建，九一八事变后，抵抗日本侵略者成为救国的第一项内容，再后来是跟着共产党建立建设新中国。

所以，李又兰记得小时候她从父亲那里听到的，关于邹容、蔡锷的故事，还有“黄花岗七十二烈士”的故事。

九一八事变后，日军入侵锦州，曾多次拉拢李善祥，要他担任锦州农会会长。李善祥坚决推辞，后带领家小，回到老家小港。

当时的小港已经成为抗日前线。李善祥出钱又出力，要求孩子们参加抗日救亡活动，还出资建了一家小型医院。李又兰和李家的其他孩子一起，组织抗日宣传队、救护队，宣传抗日救国思想，救护伤员。李又兰还记得，当时轻伤员由救护队就地救护，重伤员则转往镇海。

但是后来李又兰的父亲觉得大家就这样宣传宣传、救护被日军打伤的伤员，太被动、太憋屈了。他要求孩子们都到抗日第一线去，亲自参加战争。

正是有这样一位伟大的父亲的引导，1937 年，李家四兄妹和当地几十位青年一起，动身加入抗日队伍，前往前线。他们中有九位后来参加了新四军，其中一位是李又兰。李又兰还记得，临行时，父亲给他们每人十块大洋，母亲帮他们把钱缝在衣服里，再三关照：“不到万不得已，可千万不要用掉了哦。”

把十几岁的孩子送到抗日前线去打仗，父母亲是什么样的心情？他们可曾想过，孩子们可能受伤，可能牺牲，可

李又兰与儿子合影

能被俘受折磨？后来的事实证明，当年李善祥那四位上前线的孩子中，有两位曾进过集中营，有两位历经磨难、九死一生，李又兰更是皖南事变的幸存者。

李又兰的父亲曾到上饶集中营营救孩子，也曾到苏北解放区看望李又兰。父亲得出的结论是：孩子们跟着共产党抗日救国这条路走对了。他非常欣慰，非常赞赏。

军旅：千难万险不言退

李又兰 1938 年参加新四军后，经历了抗日战争、解放战争。战争岁月千难万险，言语无法道尽。

故事从 1943 年讲起。那一年，李又兰在新四军第三师工作，她已经与第三师副师长、盐阜军区司令员张爱萍结婚，并怀了孩子。那一年，敌军两万人对新四军军部、第三师师部所在地盐阜区进行“扫荡”。这就是抗日战争史上著名的盐阜地区反“扫荡”作战。

为了保存实力，我军实行敌进我退、敌退我进的游击战术。军部撤走了，师部撤走了，张爱萍全权领导反“扫荡”。组织决定非战斗人员全部分散，或是到老乡家里隐蔽（也称打埋伏），或是回家乡待命。分散的非战斗人员中，包括张爱萍的爱人李又兰。

李又兰先是到根据地边缘的一位棉商家中隐蔽，这位棉商的家和企业都设在海边，当时新四军装有物资的船只也停在沿海一带，准备在情况危急时从海上撤走。有一天，敌人出动十八架飞机狂轰滥炸我军的海上船只，这场轰炸祸及这位棉商，他的家和企业、仓库都在这次轰炸中灰飞烟灭了，霎时家破人亡。

李又兰侥幸没有受伤，躲过一劫。她从瓦砾中爬出来，举目无处可躲，无所依靠，于是决定去找自己的部队。她怀着孩子，在敌人“扫荡区”一直走一直走，整整走了三天，终于找到了自己的部队。

但是，敌人的“扫荡”还在进行，看样子一时还结束不了，她没法跟随部队行动，最后组织决定让她回家乡。

她到了上海，要取道上海回小港老家。当时上海是敌占区，街上到处都有敌人，黄浦江边三步一哨五步一岗，上船的人必须有良民证。为她带路的向导不见了，剩下她一个人，在上海街头流浪。

情急之下她想到了一位在上海大陆洋行做事的近亲，在这位近亲的帮助下，买到一本良民证，终于坐船回到家乡母亲的怀抱，并在家乡生下了儿子张翔。

孩子满八个月时，李又兰决定回部

队。新四军浙东三五支队交通员乐群负责接送李又兰，她们坐着小船，前往三五支队司令部。

这时李又兰再一次面临九死一生的险境。当她们坐的小船靠近司令部驻地时，发现那里已经被敌人占领。原来当时有敌人来犯，三五支队司令部撤走了。船老大被吓住了，他想让船掉头。经验丰富的交通员乐群断然决定：继续向前。如果掉头，敌人一定开枪，只有若无其事地继续向前，才有一线生机。

果然，敌人放过了这条小船，李又兰从敌人的眼皮底下，坐着小船逃离，并在另一个山岙遇到了三五支队便衣，其中一位还是李又兰的弟弟。在三五支队的安排下，李又兰与另外三位战友，坐一艘有五张帆的大木船，从浙东出发，往苏北航行这一路，他们整整走了六个月。

李又兰的书法

这么大的船，没法摇动，只能靠风带动。有时候几天没有风，船在海中一动不动，令人绝望。正是酷暑季节，人在海中暴晒，嘴里全是盐，又苦又咸。大家都盼望着下雨，雨水可以解决很多事。

最可怕的是船上的食物和淡水都用光了。因为岸边不时有敌人的“汽划子”出没，靠岸采购是一件很危险的事，所以船上经常断粮断水。最后还有一点生地瓜，但先要请船老大吃饱，以保证他有体力撑船。其他人每人每天分几片。李又兰讲到这一段经历时，说了三个字：“饿疯了。”她唯一庆幸的是，孩子没有和她一起走。

李又兰于1944年4月从宁波出发，一直到10月才到苏北，并找到了自己的部队。还记得踏上苏北大地后吃的第一餐是清水面条，大家都吃得那个香啊，特别来劲，吃了一大锅都不觉得饱。接下来几天，大家每天做鸡蛋饼，吃得香极了。

思乡：此情绵绵无绝期

李又兰对老家的一个很深刻记忆是水缸。当年家里房子很多，一房又一房，每一房的院子里都有水缸。她还很遗憾没有去过自家的后花园，只知道那个花园很大。抗日战争的时候，这些房子和水缸还有后花园，都被日军的炮火炸掉了。

1938年她在小港参加抗日救亡活动时，经历了一场疫情，当时李家全家上下都参加了救护行动，男的抬担架，女的给患者打针输液。1940年宁波发生鼠疫，远在苏北参加新四军的李又兰非常担心，想方设法打听消息，唯恐家乡父老再次陷入不幸。

张爱萍与李又兰合影

1943年她在老家生孩子时，母亲曾经掩护了不少地下党员。这些地下党员来到她家时，都面临巨大危险，母亲为他们提供吃的、穿的，帮他们易装，然后再安全送走。这些故事李家从来没有向谁提起过。新华社一位驻海军的记者从另一个渠道得到了素材——一位当年得到她母亲掩护的同志，向记者讲述了惊心动魄的故事，李又兰记得这位记者的名字，并且记得这篇文章的题目是《甬江之子》，发表在浙江日报和《上海滩》杂志上。

李又兰曾对张爱萍说："我可以用青春的代价来等候我爱的人，为什么就不能用生命守护他的一生呢？"自1942年8月8日始至2003年7月5日终，李又兰一直伴随张爱萍，伉俪情深的他们走过了钻石婚期，在他们结婚四十周年的日子里，李又兰曾填词一首《如梦令·感怀致爱萍》赠与爱人：

战火结伴恨晚，金轮欣照肝胆。

坎坷四十年，生死相依无怨。

无怨，无怨，犹似汪朱河边。

张爱萍更填词《诉衷情·和又兰》应和之：

岁月如流四十年，往事常流连。

战火沉冤伤患，相依风雪寒。

山雨过，月高悬，夜不眠。

同携相扶，步履优健，晚香满园。

两首词所表达出的，正是共产党人之间纯真的爱情。正如张胜所说："他们是一对互补型夫妻。父亲刚烈，伟岸如山；母亲细腻，柔情似水。父亲是为了事业忘身忘家的英雄，母亲则是甘愿为丈夫，为丈夫的事业牺牲自己的女人。"

上甘岭战场上走出的军医——黄龙发

口述 / 黄龙发　整理 / 戎飞腾

黄龙发

1952年，黄龙发十九岁，却已经是三年军龄的“老兵”。从解放战争到抗美援朝战争，从广东南雄到朝鲜战场，黄龙发经历了一次又一次炮火的洗礼。

不过，有一场战役的惨烈程度依然远远超出了他的想象。那就是震惊世界、被称为“绞肉机之战”的上甘岭战役。

一段难忘的经历

1952年10月14日凌晨4时，天未亮，数声轰鸣的炮响打破了夜的平静，上甘岭战役打响。随后的四十三天里，密集的炮火以平均每秒六发的频率倾泻在3.7平方公里的阵地上。

敌军第一天夜里出动了三百二十门大口径火炮、四十七辆坦克、五十余架飞机，打了我军一个措手不及，但是始终攻不下我军的阵地。黄龙发当时是十五军四十五师师部的卫生员，战争打响时，黄龙发跟随师长崔建功在五圣山的指挥所中。当时，黄龙发站在高处可以看到底下的战火有多么猛烈，很多人就在火光中倒下。

这一仗中，中国人民志愿军伤亡人数达到一万五千人，其中镇守597.9、537.7两个高地的十五军四十五师遭受了最大的损失，几乎伤亡殆尽。

崔建功在向军部报告战况时，明确表态坚守阵地。他说：“只要人在，阵地就在，如果打剩一个营，我就当营长，剩一个连，我就当连长。”这份矢志感动了众多将士，战争中涌现了黄继光、龙世昌等舍生忘死的英雄。

龙世昌是个苗族青年，牺牲时才二十来岁，为了执行爆破任务，硬是用胸膛把爆破筒顶入了敌人的地堡。黄继光刚到朝鲜时，黄龙发就认识他，很活泼的一个小伙子，他在冲上去堵枪眼前，身上已经中了七枪……

战争后期，黄继光的妈妈作为英雄的母亲随慰问团来到朝鲜前线，黄龙发和几名医务队员承担起了照顾老太太的责任。

上甘岭血战

上甘岭前线我军阵地

上甘岭战役中作战的志愿军

曾经对黄龙发的报道贴满墙

黄龙发一有时间就去看望她，时间久了黄龙发就说：“不如我们都叫你妈妈吧。”然后黄继光的妈妈就抱着黄龙发喊了声“儿啊”。

一个未圆的学堂梦

就在分配好教室、学校即将开课的时候，抗美援朝战争开始了，黄龙发几乎已经实现的学堂梦戛然而止。加入军队，对于黄龙发来讲“既是偶然又是必然”。

黄龙发出生于东莞常平镇土塘村。1946年，父亲因病去世，小学毕业的黄龙发开始外出打工谋生。从东莞一路闯荡，哪里能挣口饭吃就上哪里，最后来到韶关南雄，帮人搬搬货物，上顿不接下顿。

1949年中，随着解放战争的节节胜利，解放军在南雄征兵，黄龙发闻讯前往应征。一开始的想法很简单，就是想有口饭吃。为了这个朴素的想法，黄龙发加入了解放军队伍，被分配到了刘伯承与邓小平带领下的第二野战军。

当时，解放战争已经接近尾声，年仅十六岁的黄龙发读过小学，在部队里算是有点文化基础的人，被安排参加了医护知识培训。培训之后，他成了一名卫生员。

黄龙发不只在部队里获得了更多的学习机会，还差点上了大学。1951年，黄龙发随军在重庆休整。当时战火暂熄，部队里开办了速成大学，黄龙发成了其中一名学员。崭新的课本很快发放了下来，还散发着油墨的香味，这让黄龙发欣喜若狂。但没有料到的是，就在分配好教室、学校即将开课的时候，抗美援朝第五次战役开始了。根据安排，黄龙发和战友们一起奔赴朝鲜战场，几乎已经实现的学堂梦又戛然而止。

抗美援朝战争结束后，黄龙发回到国内，此时已经失去像速成大学那样的学习机会。但是他没有停止对知识的探求，并开始尝试文学创作。

在军队里，有空时黄龙发也会给军报写点东西，但是比较少。后来不用打仗了，他就有了更多的时间学习写文章。黄龙发厚厚的一本剪报本上贴满了从报刊上剪下来的小文、小诗，有些是他的得意之作，有些是他认为可供学习的妙文。其中一首名为《上甘岭》的七言绝句：“上甘岭上炮声隆，浴血疆场此山中。卫国保家齐奋战，打出国威振雄风。”那是他最钟爱的“代表作”。

一份传承的悬壶心

在五年的军旅生涯里，黄龙发一直都是救死扶伤的卫生员。在战场上，他经历过最简陋的救助环境。

上甘岭战役到了中后期，由于敌军封锁，补给物资很难运入，伤员不断增多，我们的医疗物资极度匮乏。最艰苦的时候，三个人的救护站（事实上就是设在山洞里的一个医疗点），每晚需要接治上百名负伤战士。止痛药很快用完了，战士们只能咬着牙忍出一身淋漓的大汗；后来连绷带都不够了，只能将衣服撕成布条包扎伤口。

黄龙发就这样在艰苦卓绝的环境中迅速成长为一名出色的军医。

（本文选自海疆在线）

一双青布鞋

口述/冯 凯 整理/李军海

我曾在毛主席身边做警卫工作。毛主席日常生活中值得回忆的事很多，但一双青布鞋的故事至今仍历历在目。

一天中午，天气很好，温暖的阳光直射到毛主席住的窑洞里。毛主席正在吃饭，我在值班。这时，只见一位大娘带着一个孩子来到门前，要见毛主席。我问她："大娘，你从哪里来？有什么事？"大娘说："我从志丹县来，来看看主席。"我转身走进窑洞，向毛主席报告说："主席，志丹县一位大娘带着一个孩子要见您。"毛主席听后，把碗放下，急忙走出去迎接大娘和孩子。

孩子很亲热地跑上前，把一串串穿好的红枣一圈圈地挂在毛主席的脖子上。毛主席把他们接到窑洞里，和他们亲切地交谈起来，直到下午2时左右他们才走。我和值班警卫员宋帮洪把大娘送来的红枣收拾起来，又打开桌子上的包袱，见是一双结结实实的青布鞋。我们立即把鞋拿去给主席看。主席接过鞋反反复复地看了又看，对我们说："这位女同志你们知道是谁吗？她就是志丹同志的爱人，是革命烈士的遗属。"我们都不约而同地"啊"了一声，谁也没有说话。我心里想，他们就是志丹同志的亲人啊！

过了一会儿，主席又对我们说："这双鞋做得既结实又好看，里外都是新布。"说着高兴地脱下脚上的旧鞋，穿上那双青布鞋，一边跺着脚一边自言自语地说："不大不小，正合适。"从此以后毛主席总是穿着那双青布鞋。

那年十一二月的天气很寒冷，可主席仍旧穿着贺大娘送来的那双青布鞋。一天晚上，主席坐在一张长方形的木桌子旁聚精会神地看着电文和各种材料。因为刚下过大雪，屋里特别冷，主席边看文件边把双脚放在火炉边的一个小木架上取暖。时间久了，毛主席只顾着看文件，不知道他脚上穿的鞋已经被烤煳了，一直到把脚烤痛了才知道。可是，毛主席舍不得扔掉，过了几天，他请人把鞋补上，补好后继续穿着……

我们在毛主席身边时他曾多次教导我们：无数革命先烈为了人民的利益牺牲了，我们尚存者，对在一起战斗过的已经牺牲了的同志要永远怀念啊……一双青布鞋，它充分体现了毛主席对革命烈士的深厚感情。

今天，我们应像他那样怀念为中国革命牺牲的千千万万个革命先烈，不忘先烈的遗志，继承他们的革命事业，并为之奋斗不息。

（本文选自《解放军报》）

难忘的抗日战斗经历

文 / 高华璋

1941年日本撤回防苏边境，板垣师团二十个师企图逼近四川侵占整个中国。那时我还在重庆江北县永毅织布工厂工作，因此我决定离职，同年向保卫重庆城防的九十七军一六六师四九六团一营二连报名当兵。当时军长是陈索隆，师长王子宇，团长肖超伍，营长王德然，连长李廷连（李廷连后来调离到国外远征军，后来的连长叫陈聚宝）。我在部队任过文书上士、军需上士，直到1943年冬奉命随军调离重庆，开往黔桂路，广西河池县金城一带抗击日军。当时我连作战能力很强，上级特从重机连调来一门三八迫击炮、一挺重机枪，和几十个人一起组成了一个加强连。

那时我在连里任排长。

在同年冬的一个晚上，营长王德然、连长陈聚宝带领我们加强连一百五十多人，在广西河池县的六甲火车站，和一股日军交上了火，战斗断断续续一直打到了天亮，那次日军伤亡很重。

第二天，我们加强连沿铁路向后撤退。大概在中午我们全连经过了长山火车站到了长山火车洞口稍作休息，营长马上命令我们全连过了山洞再说。因山洞前几百米处的铁桥被炸，洞里还留有四节车厢，我们只能和难民从车厢两边挤着过。出洞后，见没有日军追击，营长派了几个哨兵放哨，同时吩咐炊事班到铁路对面的村庄借锅煮饭，其他战士就在铁路旁分散休息。我在四周察看，注视黑压压的难民群，过了不久看见一个难民模样的人不顺着人流走，却走小路往山上走。我立即把情况报告营长，说有日本兵来了。营长问我，你怎么知道，我说如果是难民逃跑还来不及，怎么还敢往山上走。随即带营长过去看。营长见这人在半山腰东看西看，就断定是日本兵在侦察地形，立即下令炊事班不要做饭了，就是饭熟了也要把饭砸掉。还说我们吃不成的饭，他们日本兵也别想吃。我询问了一个刚从山洞里出来的难民，证实后面有很多日军还用马拉了大炮、重机枪，被山洞里的火车车厢挡了路进不了洞。营长命令我们全连一定要把长山高点山头拿下，说完便指挥全连从长山的侧面向上冲。与此同时，日军也开始从山洞两头往山上冲。我连奋力攀爬，终于比日军只早七八步的距离抢占了长山最高点。营长随即下令向爬上来的日军扫射。日军很顽强，先冲上来的倒下了，后面的日军又拼命往上冲。由于六甲火车站之战后弹药所剩不多，为了节约弹药，就等日军冲到离我们很近后再打。战斗一直打得很激烈，从中午过后一直打到天黑。全连浴血奋战，击溃了日军七八次各种形式的冲锋，日军伤亡惨重。从最高点山头往下一看，

山上山下到处都是日军的尸体。有的尸体从山崖上直接掉到了铁桥下面的小河里，当时是冬季，河水少，血把河水都染红了。当时我们估计日军伤亡有一千多人，而我们全连只死了两人。

天黑后，战斗停下来了，营长亲自带我们几个侦察情况。下山后听到铁路下面的村庄里传来嘈杂的叫声。当时我们估计日军可能已经进村了，而且还看到一些举着火把的人，在穿越铁桥下面的小河。见此情况，我们猜想日军可能想从多面把我们包围在山上。营长当即命令全连撤下山去。为了安全，营长命令我们不准开枪；为了不让脚踩了铁枕木发出声响而被日军发现，命令我们一个一个沿山脚慢慢向后撤退。当我们撤到安全地方坐下来休息时，山头上突然炮声震耳，炮火把天都映红了。看到这一幕，我们全连都为撤退及时而感到庆幸，同时都在嘲笑日军不知我们已经撤下了山头而在那里白费炮弹。过了不久，不知是日军发现我们已经撤离了山头，还是其他原因，他们停止了炮击。

几天后，我连沿铁路撤退到了南丹和师指挥部汇合，师部领导见了我们很高兴，夸我们连在弹药不多的情况下还能坚持这么久，比他们的部队还要晚几天撤至南丹。就在和指挥部汇合的当天中午，我们连又和大部队一起参加了与日军在南丹的交战。当时师领导叫我们连队不要参加这次战斗，到后方休息。但我们连还是坚持参战。中午时刻，南丹城乡一带枪声、喊杀声不断，战斗进行了不到一个小时就结束了。因缺乏弹药，南丹之战后我们就随大部队向衡阳方向撤退。途中补充弹药后，我军停止撤退，又向广西方向一带反攻日军。一直到 1945 年，日军无条件投降后，从广西到贵阳、湖南、湘西、衡阳，直到长沙追击和接收战俘。

以上抗日战斗事实，都是我亲身经历的，没有半点编造。战斗具体月份和日期，我记不清，但季节和时辰都记得比较清楚。

（本文选自中国红故事网）

智取密码

文/彭耀明　杨义良

吴荣森领导的地下电台小组成员

1947年底，打入国民党海军第二基地司令部接舰处的情报组取得了国民党海军在青岛动态和海军全部电台呼号每月变更表，但只有呼号表没有密码。1948年春，中共青岛市委指示吴荣森，要千方百计获取敌军电台的机要密码。

敌人对机要密码控制极严，只有舰长或机要秘书才能领取。已打入“接30号”驱潜舰任机要秘书的吴荣森，因“接”字号舰电台尚未启用，无法获取密码。

一天，吴荣森在机要室发现通知各舰领取下半年启用新密码的文件，并了解到“庐山号”（“接26号”）登陆舰已接到领取密码的通知，且该舰将进坞修理，改装火炮和电台。

“庐山号”登陆舰机要秘书刘国华与吴荣森关系很好，两家又沾亲带故。由于刘国华为人老实，且对当局不满，对前途悲观失望，也未参加国民党特务组织，因此吴荣森决定对其进行策反。吴荣森以母亲名义邀请刘国华全家赴宴，借机诱导，并以老乡刘善本不愿替蒋介石打内战，毅然驾机起义，飞往解放区，受到人民政府嘉奖之事启发他的觉悟。刘国华深为感动，希望吴荣森帮他找一条光明之路。

对“庐山号”登陆舰的基本情况掌握后，吴荣森决定通过刘国华获取电台密码。6月25日，吴荣森看到南京国民党海军总部通知，要求尚未领取新密码的各舰于7月1日前速去领取，逾期不发。根据规定，此密码超过期限，原件须退回南京总部，未领者要自己到南京领取。时间紧迫，吴荣森决定趁“庐山号”登陆舰舰长害怕丢失、不愿领取密码的机会，让刘国华冒名领出。

26日上午，吴荣森踏上“庐山号”登陆舰，走进机要室舱，向刘国华提出领取密码的要求。在吴荣森耐心的劝说、开导之下，刘国华终于鼓足勇气，以“庐山号”登陆舰舰长的口吻写了介绍信，并盖上舰长的图章，与吴荣森一起领取了《陆军机要密码》《空军机要密码》《海军机要密码》。拿到密码后，吴荣森直奔城阳路一号秘密联络站，由交通员吕修成将密码送交青岛市委。

（本文选自中国军网）

吴荣森领导的地下电台小组使用的军用电台

晨曦

文/倪　楠

1937年7月7日，日本帝国主义在北平卢沟桥突然向中国军队发起进攻——抗日战争全面爆发；8月13日，日军又大举进攻上海闸北。中华民族处于危急存亡之秋，全国工、农、商、学、兵各界人士同仇敌忾，纷纷组织起来，奋起抗击日军。

在上海和南京之间的武进县，有一个拥有两千多年历史的小镇——奔牛镇，这里自古以来就是水路要冲。在近代，奔牛系武进西部四乡农副产品集散中心，商贾云集，贸易繁荣，在江浙一带颇有名气。1937年的奔牛镇，宁沪铁路与公路相互交织，大运河及孟河穿镇而过，直达长江。盛夏的8月天气酷热，大人和孩子们都穿着短衣短裤；傍晚，人们纷纷将席子铺在屋外或路旁憩息纳凉。紧邻小镇北边的铁路上，列车日夜不停地繁忙穿梭，让小镇的四周更显得热闹非凡。

小镇上有三个十岁刚出头的小男生——牛根、张志、周生，他们是非常要好的小学同学，下课后，经常一同跑到小镇北边的一片桑树底下，伏在地上目送着一里地外铁道上一列列军车飞驰而过，好像永远不知疲倦。听大人们说，这些由西向东而去的列车满载的都是军需物资，是奔赴上海前线的。大人们还说，中国军队和日本军队在上海打起来了，战况非常激烈，死了不少人。真是太可怕了！还不知道以后会是个什么样子！三个小朋友常常议论着这突然发生在自己身边的国家大事，幼小的心灵被深深地震撼！在小学的课堂上，老师曾对他们讲过，东三省被日本人占领之后，当地的老百姓在日军的铁蹄下全都成了亡国奴，过着苦难深重、牛马不如的日子。联想到眼前由日本军阀挑起的战事，愤怒和仇恨很快代替了内心的恐惧，心灵深处竟然萌发出想当兵杀日军的念头，并且随着时间的推移，这种念头在孩子们的心中日益强烈！后来日本人不断西进，江浙两省许多地方先后沦陷，奔牛镇附近也逐渐变成了抗日游击区。

转眼到了1938年年中，三个小同学开始盘算着去投奔抗日队伍的事。到哪里去找抗日的队伍呢？听说在丹阳一带，有一个叫管文蔚的司令领着队伍在打日本。还听说有一支朱毛领导的新四军也是打日本的，不知道他们是不是一回事，也不知道怎样才能找到他们。小同学们时时琢磨着这件事，始终一筹莫展。说来也巧，曾经是邻居的吴瓦匠在一个夜晚来到镇上，先到牛根家，后到其他几个街坊家，前后共来了两三次，身上带着传单在镇上的许多点上散发张贴，宣

新四军宣传标语

传抗战的道理，揭露日军的暴行，号召民众支持和慰问抗日的新四军。过了一些日子，大家逐渐了解到，吴瓦匠原来是新四军的一名地下工作负责人，他们还有一支八人组成的抗日队伍，常州东西一带都是他们抗日活动的范围。小同学们仿佛一下子有了主心骨，他们聚在一起议论，为什么不能去找吴瓦匠呢？于是，在1938年一个寒冷的冬日，小同学们约好第二天黎明前在住家北边一个小池塘边会合，然后一起去投奔吴瓦匠。

吴瓦匠的抗日队伍隐蔽在奔牛镇北几十里外一个叫作北太平桥的低洼芦苇塘中。经过几个小时的长途跋涉，第二天中午前，三个小同学总算找到了他们。抗日队伍一共有六个男的、两个女的，都身着便衣，看上去个个年轻力壮，精神抖擞，他们一共有三支长枪、两支短枪，威风极了！抗日队伍让三个小同学产生了强烈的好奇心并羡慕不已。吴瓦匠当时不在，一位女同志接待了他们，她开口便问："你们来这里干什么？"三个小同学不约而同地回答："来找队伍打日本！"她说："你们还小呢，过几年再说吧。"小同学们争辩道："我们已经不小了，能够做点事了！"正在交谈的时候，吴瓦匠回来了，一看是他们三个，二话未说先安排吃饭，答应吃过饭后再斟酌斟酌。当晚，吴瓦匠他们借了房东两床被子先安排小同学们住了下来。第二天吃过早饭，小同学们正准备向吴瓦匠他们提出参加队伍的事，不料牛根和张志的父亲突然出现在大家面前。孩子们大惊失色，大人们怎么会找到这里？两位父亲苦口婆心，不断劝说孩子们，吴瓦匠也力劝孩子们先回去。就这样，三位小同学最终还是被大人们带了回去。

回到家后的孩子们并没有死心，还是念念不忘令人向往的抗日队伍。周生家有母亲和一个姐姐，家里开了一间小杂货店，日子还算过得去；张志家有父亲、一个弟弟和一个妹妹，母亲死后，父亲大病了一场，家里靠租赁和典当维持生计；牛根和祖父、父亲以及伯伯家的一个姐姐和一个弟弟一起过，家境比较艰难。牛根曾经做过小工，在外面提篮卖烟卷、火柴，因受店老板的打骂和地痞的欺侮，干脆就躲在家里，什么也不出去做了，仅靠祖父一人为船行做帮工艰难度日。外面时局动荡，小同学们的家境又都不太好，大家对前途都感到茫然，投奔抗日队伍就成为他们一直以来最大的心愿。1939年的整个春天里，没有吴瓦匠他们的任何消息，也没有别的可去的地方，时间在一天天过去，小同学们都焦急不安。转眼到了春夏之间，三个小同学终于再度聚在一起，在小镇街东头的一个小浴室里，偷偷商议着找队伍的办法，最关键的是不能再让家里的大人产生疑心。随后，他们又在小池塘边商议了两次。1939年7月的一个炎热的夏日，小同学们最后一次聚会，约定当天夜里在老地方会合，一同前往北

新四军臂章

太平桥低洼芦苇塘。这次，大家都下定决心，无论如何也要加入抗日队伍。

但事情不像原先预想的那样顺利。在约定的时间，牛根第一个到达了约定的地点，一直等到天亮，也未见张志、周生到来。牛根急坏了，也吓坏了，拔腿就跑，向北太平桥的方向一路飞奔，终于在中午前到达芦苇塘，在半年多以后再次见到了吴瓦匠等人。吴瓦匠问牛根出了什么事，牛根把经过详细说了一遍。吴瓦匠对牛根说："你先留下，他们俩等等看吧。"等了三天两夜，也未见他俩的人影出现。牛根很是着急，心里也十分难过，生怕像上次那样被大人再带回家去。功夫不负有心人，又过了两天，所有人都意想不到的事情发生了——江南抗日义勇军第三路四支队的队伍碰巧路过太平桥！这可是新四军的正规部队，队伍中每个人看上去都精神饱满，大家说着不同的方言，有江西的、福建的、广东的，还有苏北的，人人都态度和蔼，十分热情。有位大个子说着苏北话，跑过来与吴瓦匠等人谈论着什么。后来他转过身来问牛根："多大了？哪里人？在家里做什么？跑到这干什么？"牛根当时只回答了一句："参加队伍打日本！""哎哟，小小年纪勇气顶大嘛！"大个子赞叹道。

第二天早饭后，牛根直接就去找那个大个子了。大个子叫谭兆焕，扬州人，是部队的指导员，待人非常亲切和气。听了牛根要求参加队伍的想法，他表示非常理解和同情。在那个年代，只要是打日本，不分男女老少，都有机会参加抗日队伍。对新四军而言，无论是个别参加还是集体参加，都会受到热烈欢迎。虽说年龄稍微小了一些（十三岁），因为自己强烈要求打日本，牛根最终还是被部队留了下来。后来牛根成了新四军一师一旅的一名战士，随部队一直战斗在苏中地区。1942年，牛根先入党校，后进入了抗日军政大学第九分校学习。

多年以后，牛根了解到，1939年7月的那个晚上，由于周、张两家的大人始终看得很紧，周生、张志他们一直没有找到"出走"的机会。后来，万念俱灰的周生也就渐渐放弃了"出走"的想法，一直在家乡做着小买卖，直到中华人民共和国成立后才再次见到牛根。而张志后来还是找到一个机会跑了出来，参加了新四军的江南部队，先后任班长、排长、连指导员，还未看到中华人民共和国的成立，就在解放战争的苏中分界战役中不幸牺牲了，直到牺牲前都没有再次见到过牛根。

牛根在参加革命队伍后，先后经历了黄桥、曹甸、苏中、莱芜、孟良崮、淮海、渡江等重大战役的考验。在战争年代以及随后的和平建设年代，在组织的教育和培养下不断成长、不断进步，为中国人民的解放事业以及人民军队的建设事业做出了重要贡献！

这个故事的主人公——牛根，就是我的父亲倪宽。今年（2012年）他已八十六岁高龄，是北京军区的离休干部，也是一师分会的老会员。

（本文作于2012年8月，选自《那一代人——我的父亲母亲》）

灯下一只老鹰竟然吓跑一群敌人

文 / 罗新安

罗炳辉烈士

爸爸罗炳辉离开的时候，我还是牙牙学语的幼儿，所以，我只有想象中的爸爸。随着岁月的增长，爸爸在我的脑海中渐渐清晰起来。

警卫员给妈妈倒水被阻止

有一次，妈妈进屋，警卫员马上给她倒了一盆洗脸水后准备退出。没想到爸爸立刻就叫住了警卫员严肃地问道："组织上派你来干什么的？"警卫员答："照顾首长。"爸爸说："那你为什么给她倒洗脸水！"警卫员只得承认错误，并保证下不为例。

我妈妈也是一名老红军，是司令部的协理员（团级），也算是警卫员的领导。所以，给她倒一盆洗脸水也在情理之中。但是，爸爸却要警卫员承认错误。

爸爸严于律己的精神是我一生学习、努力的方向，也是爸爸留给我的最珍贵的遗产之一。

1943 年 12 月 25 日，我出生在新四军第二师师部。当时，爸爸正在津浦路西地区指挥作战，我军在定远县占鸡岗

1946年的罗炳辉一家在山东

反击国民党桂系进犯的战斗刚结束。爸爸接到后方电报后没几天，就越过被日军控制的津浦铁路，返回路东。这一年爸爸已四十六岁。我的名字是爸爸取的。他从“新四军”和“安徽”中各取首字，期望我永远不要忘记新四军与安徽人民并肩鏖战的历史。

对淮南抗日根据地的生活，我没有多少记忆。但是，我毕竟在这片土地上度过了人生最初的两年。我热爱这片土地，更热爱生活在这片土地上的人民。爸爸逝世后，我和在山东出生的妹妹鲁安，随妈妈在部队中生活。行军时，战士们就把我们兄妹放在马背上的箩筐里。因此，在我童年记忆中最清晰的场景是：长长的部队行军的行列和远处一望无际的群山。

拜访当年“小莫斯科”藕塘镇

我曾多次返回淮南革命老区，探访遗迹，拜望乡亲。1978年10月，我去定远县藕塘镇。淮南抗日民主根据地创建后，这里是津浦路西根据地的中心区，当年人称“小莫斯科”，而且定远县抗日民主政府又是淮南根据地第一个成立的县级抗日民主政权。

我在藕塘街上漫步，迎面走来一位刚从农村来的老农，我迎上去跟他攀谈，问他：“您知道罗司令吗？”

老农马上就回答：“知道，太知道啦，罗司令大名罗炳辉，是个好人哪！抗战那阵子，广西军打过来，打到山黄家，听说有两间老百姓的房子是罗司令住过的，就放火给烧毁了，还糟践老百姓。罗司令不依了，带新四军打跑了广西军，挨家挨户慰问老百姓，还盖了两间新屋赔偿房东的损失。后来，广西军一三八师不甘心失败，又来烧了许多房屋。罗司令看不得我们老百姓受苦遭罪，下命令‘每间屋发给七十元，重建家园’，哎呀，农村建房哪里要得了这么多钱？家什农具都能置齐了。罗司令是个大好人啊！”

第二天，我到了来安县大刘郢，乡亲们热情地接待了我。刘仁善老人说：“罗师长在这里住了几年，要带兵打仗，还要自己动手开荒种地。罗师长臂力惊人，再重的担子到了他的肩上就轻飘飘的像稻草一样呢。罗师长常说的一句话是‘你们的困难就是我们的困难’。”

周恩来称他是游击战专家

爸爸治军严格，主要是对干部要求严，他很少批评战士。在练兵方面，刀劈铜板的故事流传很广。因为日本侵略军装备比我军精良，枪上装有刺刀。爸爸就命令给每个战士配备一把大刀，做刀的材料有的是取自破坏敌伪铁路交通线时扒回来的钢轨，钢轨很硬，打出刀来刀口锋利，寒光闪闪。在许多次战斗中，二师的大刀杀出了威风，使日伪军胆战心寒。爸爸还在练兵中提出“通过五大障碍”（独木桥、短墙、铁丝网、水沟、壕堑）和“五大技术”（射击、投弹、拼刺、劈刀、土工作业）。他练兵讲究实用，所以训练出来的部队能打硬仗。

1972年，美国总统尼克松访华，周恩来总理陪同尼克松到杭州参观。周总理在杭州期间，接见了浙江省党政军负责同志，曾任红九军团某团团长的刘昂同志当时在座。周总理问刘昂同志长征时是哪个部队的，刘昂回答后周总理就说：“哦，是罗炳辉同志领导的那个军团呀，罗炳辉同志可是个打游击战的专家啊！”周总理还讲述了我爸爸在长征中的贡献和功绩。

20世纪80年代末，中央军委批准给毛泽东、朱德、周恩来等三十三人冠以“军事家”的称号，爸爸为其中之一。

爸爸征战一生，转战了大半个中国，他在军事上的建树多半是“写”在战场上的。在淮南抗日根据地期间，爸爸在军事上已经相当成熟了，他写过不少军事论著，以及他口授整理或主持撰写、亲笔改定的五支队和二师的《战斗详报》，都是他在军事理论和军事实践方面的总结。爸爸在《战斗详报》中客观冷静地从战前敌我态势分析，到战争部署、兵力配置、火力配置、设营、敌情变化、我方应变、战术应用等无所不包，细密精确。用爸爸的话来说，就是“要针有线，细针密线，不能有针无线或粗针阔线”，要打一仗有一仗的改进，打一仗有一仗的收获。爸爸的指挥艺术和为将之道，有的是源自中国古代兵书，有的则是靠摸索总结，从实践中学习。

因为爸爸能够娴熟地应用游击战术，使日伪军都“谈罗色变”，轻易不敢跟爸爸交手。有一次，爸爸只带了少量部队到一个新区开展工作，正在召开群众大会时，敌人悄悄地摸过来，敌人听说爸爸在这里开大会，生怕中计，不敢贸然进攻。正在敌人举棋不定的时候，爸爸应群众的要求打鸟，恰好有一只老鹰在空中盘旋，爸爸一枪击落。敌人以为是什么信号，怕被围歼，仓皇逃跑。

自创学兵连培养军事骨干

冷静客观地研究敌人，严肃认真地研究自己，是爸爸戎马生涯中时刻不忘的。他把自己的一切全部贡献给了革命战争。他的行李很简单，但其中有两只铁皮箱是专门用来装兵书、部队军事总结和《战斗详报》的。一到驻地，他就拿出来反复研读。对每一次战斗员讲战术，或者向抗大八分校学员、淮南党校学员讲军事课的时候，都能把具体战例信手拈来，详细剖析，深入浅出，使听课的同志深受启迪。抗大八分校第一期学员毕业时，爸爸带着他们在根据地边缘地区走了一个多月，有时连敌人都看得清清楚楚，爸爸实地讲战术，讲如何利用地形地物，如何用兵。

“学兵连”是爸爸的一个创造。二师学兵连共有一百多人，都是从野战部队中挑出来的。只有政治立场坚定、作战勇猛顽强、战斗技术好、反应快的战斗骨干，才有资格入选。学兵连时刻都在爸爸身边，它既是战术技术示范队，又是基层骨干训练队，还是爸爸研究作战技术技巧的试验田。

曾任学兵连副连长的华东一级人民英雄魏尚友同志说：“学兵连是全师的军事标杆。比如在部队中开展练劈刀，罗

师长就首先抓学兵连，整个套路四十多个动作，要劈得快、劈得准、劈得有力，最后才练劈铜板，必须是一刀准。然后，罗师长才在全师军事训练中把学兵连带出去搞比武，搞竞赛，搞技术表演，搞‘四两拨千斤’的战术比赛，在全师掀起练兵热潮。”

还有老同志告诉我：“学兵连是你爸爸主持新四军二师军事工作的‘特产’。学兵连可以说是一所军事学校，是你爸爸根据自己切身经验创造出的，将实战与理论密切结合、在实际战争中培养干部的学校。训练工作都是你爸爸亲手抓的。实际效果十分显著，学兵连的战士可以胜任部队的班长，班长可以胜任排长，排长可以胜任连长，军政素质非常好。他对学兵连又严又爱，有一次，军情紧急，有人建议派学兵连上去打，他说：‘不行，牺牲了一个战士就是一个班，牺牲了一个班就是一个排啊！’学兵连战斗力很强，战斗作风凌厉泼辣，一般战斗三下五除二就干净利落地解决掉了。战士们都以能进学兵连而自豪。四师师长彭雪枫曾向你爸爸提出要学兵连给他一个排。罗师长的学兵连全军有名！”

爸爸对淮南根据地的人民敬如父母，总是想尽一切办法为老百姓解决困难。群众也把爸爸当作自己人，有什么事都爱向他说。有一次，爸爸带领部队行军，经过一座用渔民的船只搭成的浮桥，爸爸停下来问渔民：“军队使用你们的船搭桥，你们不能打鱼了，给了什么代价？”渔民对爸爸说：“答应给米，还没发，而且太少了。”爸爸急忙赶到桥头兵站查询。兵站同志说原来规定要给米的，可是地方政府因未接到上级规定，不肯发粮了，兵站已经打报告了，上级尚未答复。爸爸生气地说：“人家在饿肚子，你们却在等公文。为什么不一面发米一面派人到上面去报告？让群众饿肚子埋怨我党我军，你们就过意得去？我们做事是对人民负责呢，还是对公文负责？！”爸爸命令立即发粮，安排好群众生活。

根据地内个别干部作风不好，假公济私、欺压群众的事时有发生，只要爸爸知道了，必定会亲自出面请地方政府严肃查处，并对他们说：“我们是共产党领导的民主政权，如果不全心全意为劳苦大众谋幸福，不为老百姓主持公道，就和旧政权没有差别。人民就不拥护我们，我们就没有立足之地！欺压群众就是败坏共产党名声，就是帮助了敌人！绝对不能允许！”

爸爸对部队执行群众纪律工作抓得特别紧，他不能容忍任何损害群众利益的事情存在。淮南抗日根据地人民称爸爸是“罗青天”。新四军军纪严明，深得人民群众的拥戴和支持。

我曾去淮南革命老区探访父亲当年战斗过的地方。那里的乡亲们说起他的往事充满深情，绘声绘色：有的说他虽然胖，但行动敏捷；有的说他每到一地就被乡亲们围住，孩子们特别喜欢他；有的说他是神枪手，有一次一枪打了三个敌人……总之，父亲至今还活在当年根据地人民群众的心里。

（本文选自《新民晚报》）

忆父亲漆远渥将军

文/漆海涛　漆海波　漆海鸿

父亲是大山的儿子，山，是大别山；父亲是从将军县走出来的共和国开国将军，县，是金寨县。

漆远渥

引路人

1929年，父亲在一次党的会议上见到了时任中国工农红军第一军军长，声名卓著的许继慎同志。当时年仅十四岁的父亲率真地问许继慎：“什么是革命？怎么样才能当一个革命者？”许答：“革命就是为大众出家，去西天取经。‘出家’，就是不顾家不要家，一心一意去拼命。‘西天’，是劳苦大众的极乐世界。‘经’，是马列主义这本真经。西天道远，一路艰险，要闯九百九十九道难关都不止——要学松，任尔东西南北风，咬定青山不放松；要做牛，忍辱负重，任劳任怨，可能还要挨几下不公正的鞭打——要千锤百炼才能修成正果。”

父亲说：“许继慎是我革命的引路人，其言像种子播进了我的心里，其行像烙印烫在了我的身上，影响了我一生。”

一袋干粮

1935年，任红四方面军第十师作战侦察科长的父亲，长征路上二过草地。茫茫大草原，草深过膝，沼泽遍地，荒无人烟……

一天，行军下来太疲劳了，刚刚起草完一份电文，父亲就靠在一个战友的身上睡着了，被一声“出发了”的叫声唤起，一阵阵饿意袭来，手一摸身上，如遭雷击般待在那儿了——干粮袋没有了，自己辛辛苦苦用瓦片搓的一整袋青稞都没有了！一路上只有在饿急了的情况下才数出几粒吞下去，干粮袋就是生命，草地无粮等于死亡。怎么办？人人都只有自己的一份，在这茫茫泽国到哪里去找粮食？父亲还在发呆之际，参谋胡鹏飞（后任海军副参谋长）走过来说：“远渥啊，别着急，咱俩同吃我这一袋吧，死就一起死，活就一块活。同志哥！”父亲望着胡，潸然泪下。

父亲说：“我是靠战友的口粮才走出草地，活下来。我这条命是战友给

的，我身边倒下了多少战友啊！红军三个方面军长征前三十万人，到达陕北不足三万人。弱小的红军在长征中战胜了三个敌人：一是大自然罕见的艰难困苦；二是数倍于我强敌的围追堵截；三是来自内部叛徒张国焘的分裂。红军为什么能胜利？除路线正确外，红军上下一致，万众一心，亲如手足般的团结友爱，是决定性因素……长征精神成为人类坚定无畏的象征，长征成为人类战争史上不朽的史诗。”

保卫总部

1942 年，华北日军对抗日根据地的“扫荡”达到了疯狂的程度，动辄用兵数万，持续两三个月。所用战术也是花样翻新，层出不穷，什么“铁脚闪击”“剔抉战术”“铁壁合围”“蘑菇战术”“马蹄形堡垒线”“鱼鳞式包围阵”。对根据地实行灭绝人性的“烧光、杀光、抢光”的“三光”政策。还制订了以捕获暗杀我八路军首长，摧毁八路军首脑机关的“C 号作战计划”，妄图施行“奇袭捕获”消灭八路军总部，活捉八路军副总司令彭德怀。日军搜集了各式便衣，印制了彭德怀、左权、罗瑞卿、刘伯承、邓小平、李达等人的照片和简历发给日军挺进队和特工队员。

八路军总部，是抗日武装力量的统帅部和首脑机关，指挥着广阔战场上的千军万马，但它本身除了一个警卫连外，却再没有一兵一卒。相反，还拖着一个庞大的尾巴：除总部机关——司令部、政治部、后勤部以外，它还携带着各种物资、上千匹牲口和各类后勤人员。同时，跟它一起行动的还有北方局党校教职员工、学员、新华社记者、银行干部等。这一万多人马，全部由非战斗人员组成，平时行动起来尚且困难，更何况面对凶残的日军几个师团二三万人的围攻！

1942 年 5 月 25 日拂晓，八路军总部被日军合围于山西辽县（今左权县）一带。总部及直属队一万多人马，拥挤在崎岖的山道上。日军的铁桶合击圈已经收拢，正以梳篦队形向南艾铺一带压缩，步步逼近，大有一口吃掉总部的态势。负责掩护总部转移的是一二九师三八五旅七六九团和十三团。七六九团是红四方面军第四军缩编的主力部队。团长郑国仲（后任海军副司令员），父亲任政委。在完成了预定的阻击时间后，郑团长率二营、漆政委率一、三营分别转移。漆部刚接近十字岭山腰腹地时，却意外地看到了本应早该转移走了的八路军副总司令彭德怀、八路军副参谋长左权、八路军野战政治部主任罗瑞卿等总部首长。罗瑞卿一看到漆远渥便焦急地大声喊道：“漆政委，你来得正好，我把总部交给你了，立刻掩护我们！”父亲一看，简直不敢相信，心都提到嗓子眼儿了，什么时候了，总部居然还没有动，怎么还在这里？！父亲大声回答道：“我会不惜一切代价掩护你们，你们快走。快！快！快！”随即带领两个营返回身抢占了几个制高点，特别又派一个排在较远距离的一个山头放了警戒哨，很快就和敌人接上了火。

父亲一面指挥作战，一面几次三番派参谋去看总部走了没有，催总部赶快撤离。当回来的参谋一再报告说总部还没动时，父亲急了，手提驳壳枪一路奔回总部。只见总部报务员正在发报，还在和全国各个战场、延安、党中央紧张联络。彭总的安危连着全军上下的心，

彭德怀副总司令亲临前线指挥作战

父亲一身硝烟，伟岸的身躯立正站在彭总面前，急得直跺脚，一声比一声急，一嗓比一嗓高，直喊：“彭总，你走！你走！你快走！”彭总那狮子般的头紧闭着厚重的嘴唇，一声不响，炯炯有神的眼光直盯着父亲。罗瑞卿主任高高的个子，腰里别着一支左轮手枪，在旁边厉声问道：“敌人到了哪里？你就顶不住啦？！”父亲答：“你们在这里发报，时间长、报量大，敌人无线电测向很准，已经发现了这里是中枢首脑机关。几个方向的鬼子都压过来了，有几千人，还在急剧增兵。阵地暂时还在我手上，情况万分危急，你们赶快走，一分钟也不能耽误！”彭总沉稳地说：“我正在向毛主席发最后一封电报，很重要，发完就走。天塌下来，漆远渥你个子高，给我顶着！”父亲大声回答：“是！”返身跑回阵地。刚一回到前沿，就接到报告：把守最前面那个哨位的排长，因敌人炮火凶猛，兵力悬殊，伤亡太大，擅自放弃阵地，带着仅存的三个战士撤回来了。父亲一听火冒三丈，疾声令道：“集合！那个排长在哪里？带到队前。”见到排长，父亲怒不可遏，铁青着脸：“你好大的胆子！没有命令你敢后撤？！你知道谁在后边？总部在后边！总部首长在后边！！彭总在后边！！！我都不敢后撤一步。我参加革命十几年了，我这只枪从来都是杀敌人，你今天贪生怕死，我非杀了你不可，非对你执行战场纪律不可，不杀你，这个仗就打不下来了。纪律是铁必须严明，罪过是恶必须严惩。枪毙！”一声枪响之后，队伍群情激昂，有位连长脱下外衣，光着膀子激动地说：“政委，你不要再说了！今天我们的命也不要了，拼死也要掩护彭总突围！”父亲高声令道：“把丢失的阵地夺回来。自我开始，哪个胆敢后退半步，以身试法，一律枪毙！用鲜血和生命保卫总部！！！”父亲一边指挥战斗，一边连续三次派参谋查看总部撤离了没有，每次参谋都报告说总部撤离了。父亲却说：“再看一次，看仔细，看真切，瞪大眼睛。报错了杀你的头！”因不放心，父亲又亲自跑回去，确定总部已安全撤离，才返回阵地。

左权副参谋长安排彭总、罗主任分别突围后，率总部直属队，随七六九团团部行动。父亲拿起一支刺刀闪着寒光的“三八大盖”，使出了撒手锏。一是“指挥靠前”，“上刺刀！我暂代营长指挥，营长下连，连长下排，排长下班”。各级干部身先士卒，带头冲锋陷阵，领头迎接死亡。二是用“猛药”，集中兵力、火力、火器。父亲命令拿出平时不准动用，由团长、政委亲自掌握着，关键时刻才拿出来的七六九团的“核武器”——四挺崭新的捷克布伦转盘机枪。

三是“破釜沉舟、决死一战”，让各营、连都组织敢死队，冒死轮番冲锋。一定要把突破口撕开，用刘帅的打法，攻击敌人“不能像茶壶倒开水，老半天倒那么一点点，要揭开壶盖，翻转茶壶，把滚烫的开水一家伙浇到敌人头上！”父亲下令：“轻重火器集火齐射，把突破口给我打成一片火海！见敌就杀，一个不留！坚决打出去！”区区日本士兵，怎么能挡得住这样一支猛虎般拼命的正义之师！这突然、凶猛的火力完全出乎敌人的意料之外，一阵密集手榴弹投掷之后，“布伦”怒吼着往两旁一扫，弹雨旋风般把敌人压得抬不起头来。“冲！”父亲和他的部队端着沾血的刺刀枪，冲过了敌人的道道封锁线。

下午5时，十字岭上，即将突出敌人最后一道封锁线时，父亲和左权副参谋长用望远镜观察尾追的敌人。阳光里望远镜的反光格外耀眼，立刻引起了敌人的注意，敌人判断这是指挥官，连续向父亲和左副参谋长的位置发射密集迫击炮弹，第一发校验弹在父亲身边爆炸，父亲扑倒的同时，只来得及大喊一声：“参谋长，卧倒！”左权副参谋长未卧倒，正在招呼直属部队快隐蔽。紧接着，另一发迫击炮弹呼啸而至打在父亲和左副参谋长之间，一块弹片飞起不偏不倚击中左权头部，左权当即牺牲，倒在巨梁般横驾于众山之上的十字岭头。左权是抗日战争期间我军在战场上牺牲的级别最高的将领。另一块弹片击中父亲右臂，用担架抬下去的时候鲜血滴滴洒在热土上，染红了几床棉被。太行山巍巍屹立，清漳河低声呜咽，将士用生命和鲜血染疆场，令山河动容。从此，父亲行军礼只能用左手，右臂不能抬起，落下了终身残疾。中华人民共和国成立后，一次空军党委会议上，当空军司令员刘亚楼向国防部长彭德怀，介绍时任华北军区空军政委的父亲时，彭总立刻大声称赞：“认识，能打！”

朱总司令闻左权牺牲的噩耗，仰天长叹“断我左臂”，满怀悲愤地提笔赋诗，悼念左权将军：

名将以身殉国家，
愿洒热血卫吾华。
太行浩气传千古，
留得清漳吐血花。

这是总司令颁布的最高嘉奖令。它是给左权将军的，是给所有在这次战役中浴血奋战牺牲的烈士们的，也是给父亲的。

若要觅英雄，先到艰难处。七六九团这支具有红军光荣传统的英雄部队，至今还在中国人民解放军的战斗序列中。掩护总部突围，是父亲的一座丰碑。多少年过去了，每忆此役，父亲总是热泪盈眶：“为掩护总部，全团几乎全部打光——值！一将功成万骨枯，我是幸

左　权

存者。”

大政委和小政委

1943年一天，一二九师师部忽然通知三八五旅七六九团首长去师部，团长郑国仲、政委漆远渥快马加鞭一路赶到。一进窑洞，一二九师政委邓小平立刻走过来，也不握手，竖起右手食指劈头严肃地说：“七六九团打仗算第一，违反纪律也不算第二。”父亲心里咯噔一下，明白邓政委批评的是前两天有的战士行军踏坏老百姓的庄稼不赔偿，有的干部拿老乡的黄瓜不付钱的事，这些事团里已经处理过了。冲口就说：“邓政委，七六九团打仗不算第一，也不能说违反纪律不算第二。”邓小平见父亲不服，立刻火了，高声说：“问题发生在下面，根子却在上边，就在你们身上，就在你漆远渥身上。不要以为能打几场仗就可以老子天下第一，为所欲为。破坏群众纪律，就是我军政治危机的开始！你这个漆远渥骄傲自满、刚愎自用，不爱学习、不研究新情况新问题、不抓新动向，不善于见微知著、举一反三，目不明耳不聪，政治上不敏感，这样下去不仅会带坏部队的作风，也会影响你的发展。指挥员决定部队的命运，我就是抓住指挥员不放。”父亲回忆说：“我那时候年轻气盛，对部队很有感情，很有荣誉感，上级怎么批评我本人都可以，但一提我的部队就接受不了。”父亲低着头，用脚踢着地。邓小平见状又凌厉地加上一句：“你这个政治委员缺少政治。”父亲涨红了脸还要争辩什么，只见刘伯承师长用热毛巾敷着仅存的左眼从里屋走出来说：“远渥呀，小政委敢顶大政委呀，还有这样的道理啊？！这怎么行？年轻人怎么这样大的火气？来，到我这儿来。”父亲心头一热，师长那神态、那口气、那目光“像老妈妈一样”。

父亲说：“残酷的战争年代，首长们治军极严。上级越是‘骂’得声严色厉、‘骂’得一针见血、‘骂’得你恨不得当场就‘跳井’，就越是在真心爱护你、严格要求你，恨铁不成钢。往往是当面骂你，背后升你的职。我们这些人就是在炮声和‘骂声’中成熟、成长、锤炼起来的。严是爱，松是害。如法炮制，我们也是这样对待我们的下级。上下级亲密无间，水晶一样，才带出了钢铁般的队伍。我这一生跟许帅学英勇，跟刘帅学战术，跟邓政委学政治。能有这样几位严师教诲，耳提面命，言传身教，刻骨铭心，使我终身受益。”

（本文选自中红网，有删节）

大别山

父亲彭雪枫
——赵子龙式的虎胆英雄

文 / 彭小枫

彭雪枫

彭雪枫（1907—1944 年），河南镇平人，1926 年加入中国共产党。1930 年 5 月被派到苏区，先后任红军大队政委、支队长、师政委、江西军区政委、军委一局局长等职，参加了长征。红军到达陕北后，率部取得直罗镇战役的重大胜利。全面抗战爆发后，任八路军总部参谋处处长兼八路军驻晋办事处主任。1938 年春调赴河南确山竹沟，兼任中共河南省委军事部部长。同年 9 月组建新四军游击支队，任司令员兼政委，并任中共豫皖苏边区书记，后任新四军第六支队司令员兼政委、八路军第四纵队司令员。1941 年皖南事变后，任新四军四师师长、淮北军区司令员，先后取得 1942 年冬季淮北反“扫荡”和 1943 年 3 月山子头战役的胜利。1944 年 9 月 11 日在河南夏邑八里庄指挥作战时壮烈牺牲。

20 世纪初，饱受帝国主义列强欺凌、积贫积弱的中国，沦为半殖民地半封建的社会，为了救中国，当时的无数青年都在寻找真理，寻求救国的道路和方法。父亲在中国共产党的影响下，决心为中华民族的复兴、国家的富强而贡献自己的一切。

从国内革命战争到抗日战争时期，为了教育广大的革命战士，鼓舞人民军队的士气，他通过演讲、撰写文章等形式，广泛宣传马克思主义、宣传毛泽东思想，为当时的大批青年人走上革命道路起到了启蒙人和指路人的作用。

无论条件如何困难，环境如何艰险，他总是以高度负责的精神，千方百计地出色完成党所交给的任务。他在关键时刻，能置个人生死而不顾，为党和人民的利益挺身而出。

联合抗击日军

1936 年 10 月，父亲作为党中央代表，秘密前往太原，争取阎锡山与红军联合抗日，红军改编为八路军后，他任八路军参谋处处长兼驻晋办事处主任。他团结抗日力量，扩大抗日民族统一战线，为八路军开赴华北抗日前线，推动华北、山西、鲁西北的抗日战争做出了历史性的贡献。

1938 年，他受命担任新四军游击支队司令兼政委，率指战员三百多人抗日，从河南确山竹沟向豫东挺进，转战豫皖苏三省边界。不到两年，部队人数发展到近两万人，并与张爱萍、张震、肖望东、吴芝圃等开创了豫皖苏边区抗日根据地。

1941 年，蒋介石发动皖南事变，同时密令汤恩伯等九个师的兵力，向豫皖苏边区大举进攻，父亲时任新四军四师师长兼政委，为打击国民党进攻，进行了艰苦卓绝的斗争。后来，为顾全抗日大局，将部队主力转移至津浦路东，坚持敌后抗日斗争，巩固和发展了淮北抗日根据地。

1944 年 8 月，他为执行中央军委和新四军军部关于向河南敌后发展的战略任务，率四师一部冒暑西征，取得节节胜利。9 月 11 日，在收复河南夏邑的一次战斗中，我父亲不幸英勇殉国，时年仅三十七岁。父亲牺牲后，党中央在延安举行了追悼大会，党中央华中局评价他为“智勇双全与英明能干的军事家和政治家”。毛泽东、朱德、刘少奇、彭德怀、陈毅等老一辈无产阶级革命家赞誉他“对党忠贞，为民赴汤”“功垂祖国、泽被长淮”，是“中华民族英雄”“共产党人好榜样”。

创办《拂晓报》受好评

父亲出生在南阳镇平县一个贫苦农民的家庭里。他一贯视百姓如手足，在十分艰苦的战争条件下，时刻不忘人民的利益。

彭雪枫与《拂晓报》工作人员合影

1940 年，部队驻安徽新兴集，为解决驻地老百姓的水患，组织部队利用作战间隙，兴修水利，挖沟筑渠长达二十里，从根本上解决了问题。当地群众为了宣传部队和他的功绩，在沟渠边立碑并镌刻了对联，上联为“前引前导与五亿胞泽谋乐利”，下联为“耐苦耐劳为三

彭雪枫

1929 年，彭雪枫进入开封政训院活动、学习。前排左一为彭雪枫

区广众造腴田”。他还组织部队为淮北泗南县大柳巷的淮河修建堤坝，为民防灾除害。

他常常教育部队要坚决当好“政府的卫队，人民的护兵”。由于他的言传身教，新四军四师的群众纪律严格，军政、军民关系密切，因此在豫皖苏边区被群众称赞为“天下文明第一军”。

父亲是卓越的党的宣传者和组织者，他负责创办的新四军四师和根据地党的机关报《拂晓报》，以宣传党的主张为宗旨，他亲自撰写宣传党的路线方针的社论、文章达数十篇。《拂晓报》是我党抗日战争时期最有特色、质量最好的油印报纸之一，毛主席曾给予高度评价。

1935 年 1 月，父亲时任军委第一（作战）局局长。长征中，党的中心任务是军事斗争，他作为党的主要军事机关之一的负责人，为在我党历史上拨正航向的遵义会议顺利召开提供了服务和保障。遵义会议确立了毛主席在我党的领导地位，开始形成了以毛泽东为核心的第一代中央领导集体，从此，父亲坚定不移地执行党中央、毛主席的路线方针和政策。

廉洁奉公　追求真理

父亲廉洁奉公、以身作则，曾山同志评价他“刻苦耐劳精神是全军闻名的”。他任八路军驻晋办事处主任时，虽然手过千金，却清清白白，结账时款款分明，受到党中央的表扬。

他在长期的革命战争中，始终保持与战士、群众同甘共苦。长征时他的坐骑总是让给伤病员和普通战士，自己和大家徒步行军；开创豫皖苏边区时，身患胃病，却依然吃大锅饭；机关同志为照顾他的生活送去的蚊帐、棉大衣等都被他毫无例外地一一退回，群众给他竖“德政碑”，造“万民伞”，立“千人旗”来表达对他的热爱。

父亲被他的战友们认为最为可贵的品质之一是他追求真理。在红军时期，他就以“讲道理的”而闻名全军。在整风期间，他虚怀若谷，从善如流，严于解剖自己，勇于批评和自我批评，给他的战友们留下了深刻的印象。

父亲牺牲后，陈毅元帅为纪念他而写的诗中就对他追求真理的崇高精神给予了高度评价。

整风事不易，
自省为更难。
洗濯冒冰雪，
钦君不畏寒。

（本文选自《北方周末报》，有删节）

彭雪枫塑像

罗荣桓用“翻边战术”未损一卒冲破日军包围圈

文/王贞勤　曹树华　孟先锋

罗荣桓

留田是沂蒙山区腹地沂南县的一个小山村，位于东汶河西岸，八路军一一五师师部、中共山东分局和山东省战时工作推行委员会的领导机关三千多人就驻扎在这里。这些同志大部分都是非战斗人员，真正的作战部队只有一一五师的一个特务营和中共山东分局的一个特务连，一共不过七百人。

1941年，是中国抗日战争最为艰苦的阶段。山东的抗日局势和华北各地一样，到处硝烟弥漫，腥风血雨。当时，山东的八路军主力主要由一一五师和山东纵队两部分组成，两支队伍互不隶属，很难协调指挥。1941年8月19日，中共中央书记处、中央军委发出《关于统一山东领导的指示》，决定：山东纵队归一一五师首长指挥；山东纵队与一一五师两军政委员会合组为山东军政委员会，罗荣桓任书记。罗荣桓临危受命，担负起山东境内八路军最高指挥官这一重任。

11月初，日军对沂蒙山区的秋季大“扫荡”再次拉开了大幕。这次“扫荡”由侵华日军中国派遣军总司令官畑俊六亲自坐镇山东临沂指挥。畑俊六颇识中国兵法，他的目光始终盯着一一五师师部机关和罗荣桓不放。终于，他获悉一一五师与山东纵队的主力部队在山东北部反击作战，中共山东分局和一一五师师部机关所在地沂蒙山区兵力空虚，立即纠集五万重兵向沂蒙山区发动十一路、多梯队的“铁壁合围”，妄图一举消

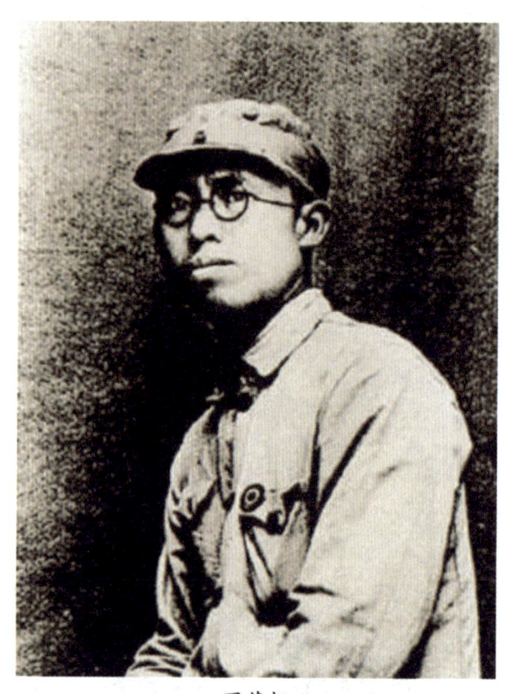
罗荣桓

灭山东党政军领导机关，彻底摧毁沂蒙山区抗日根据地。

到11月5日，日军对留田的包围圈越缩越小。早晨，特务营四个连同时在留田四周的山头和隘口与日军接火。由于早有准备，因此从早晨打到中午，特务营没让日军突破阵地一步。日军从遭遇如此顽强的抵抗和猛烈的火力判断，留田可能就是我领导机关所在地，所以紧紧咬住不放。至中午时分，集结在留田周围的日军已达两万多人，最近的一路离留田只有二三公里，最远的也不过七八公里。

罗荣桓清醒地认识到：这三千多人是山东抗战的骨干和核心，万一有了闪失，不仅是山东抗战事业的极大损失，更会对全国抗战造成十分不利的影响；必须马上突围，能把这三千多人安全带出去，就是对当前整个抗战大局的最大贡献。5日下午，罗荣桓和其他八路军首长在钮家沟召开了中共山东分局和一一五师联席会议。

会上，大家对朝哪个方向突围意见不一。见此情景，罗荣桓站起身来说道：“根据侦察组获得的情报，东面沂水、莒县一线集结了敌人二十二师团的两个旅团，表面看封锁线还没有形成，实际上很可能故意给我们一个错觉，让我们去钻口袋。北面不仅有日军的重兵，还有国民党顽军，向北走容易受敌两面夹击。西面靠津浦铁路，敌人便于机动，要突破封锁很难。”

那应该去哪个方向呢？大家疑惑地望着罗荣桓。

“向南！”罗荣桓的话让在座的人都感到吃惊。因为留田往南二十公里就是临沂，那可是日军的大本营，敌人兵力最多，封锁也最严，何况还有畑俊六在那儿亲自坐镇，这不是钻“虎口”吗？

“是的，我们就是要往‘虎口’里钻！”罗荣桓语气坚定，“敌人能杀到我‘家里’来，我就不能钻到他老巢中去？！根据最新情报，临沂之敌已倾巢压向我们这儿，后方空虚。兵家主要讲一个‘奇’字，我们趁机插到敌人的大本营，就能变被动为主动，牵着敌人的鼻子走，粉碎他们的大‘扫荡’！”

夜幕降临了，留田四周的枪炮声渐渐稀疏下来。因为日军深知八路军善打夜战，所以不敢在夜间发起主动攻击。他们还骄横地认为，反正已对留田形成三道包围圈，留田已是“囊中之物”，第二天拂晓再发动总攻也不迟。

天大黑了，罗荣桓等首长们来到了东汶河的沙滩上，人们都已集合在这里

罗荣桓将军一家人

等待着出发的命令。罗荣桓从头至尾检视了一下队伍，见大家都已做好准备，便轻声下达命令：“出发！”

罗荣桓带着参谋、警卫员、侦察队和向导走在最前面，他步履矫健，轻松沉稳，不像是带着几千人去突围，更像是去参加一次会议，甚至是在散步，大家紧张的心情也慢慢放松下来。

队伍到达第一道封锁线的突破口——张庄，进村前，罗荣桓命令几个侦察员前去侦察，发现没有日军，只有少量伪军，这个消息和白天得到的情报一致。侦察队用匕首和绳索将敌人的几个哨兵“报销”，罗荣桓不失时机地命令部队：“跑步通过！”部队安全通过了第一道封锁线。

队伍过了张庄，顺着蜿蜒的山路一口气又向南疾走了七八里地，到达敌人第二道包围圈的高里村附近。日军游动哨靠着火堆，拢着大衣取暖，不时会扣响信号枪，这边发射的绿色信号弹刚灭，附近山头上也升起一条条绿色的光线，此起彼伏似乎互为呼应。见状，侦察员们心里有数了，趁信号弹熄灭的黑暗瞬间悄悄扑上去，消灭了日军的哨兵。然后，侦察员们剥下日军的大衣穿上，装扮成日军巡逻兵。这时，附近山头上“嗖”地又亮起一道绿光，侦察员们忙拿起信号枪发射信号弹，向敌人发出“这里平安无事”的信号。随后，罗荣桓率领大队人马快速通过了敌人的第二道封锁线。

拂晓前，部队终于抵达目的地——费县东北的护山庄。果然，敌人后方空虚，第三道封锁线有名无实。罗荣桓下令部队在此短暂休整。随军记者、德国人汉斯·希伯在他的报道中这样写道：“这次突围，未费一枪一弹，未损一兵一卒，便安全跳出敌人的重重包围。罗荣桓政委指挥的这场无声的战斗，必将成为抗战史上的典型范例，名扬天下……”

天亮了，日军主力向留田发起总攻，才发现是一座“空城”。畑俊六恼羞成怒，下令在留田一带实行“三光”政策。罗荣桓当然不容日军在根据地“撒野”，他命令部队在临沂石兰设伏，歼灭日伪军运输队三百多人，等畑俊六慌忙将进攻留田的部队调回临沂时，罗荣桓早又率部重返根据地了。日军随着罗荣桓的“指挥棒”转，被拖得筋疲力尽。畑俊六不久即灰溜溜地离开了山东。

1942 年 10 月，罗荣桓根据他在山东战场上的长期实践，在《大众日报》发表文章首次正式提出“翻边战术”（敌打进我这里来，我打回敌那里去，亦称“敌进我进”）这一著名军事理论，丰富和发展了毛泽东“敌进我退”的游击战思想，受到毛泽东的高度评价，认为“翻边战术”不是战术，而是战略。

（本文选自《解放军报》）

战略情报家阎宝航：一生传奇英雄无名难概括

文/佚　名

阎宝航

阎宝航的经历堪称一部传奇，他的公开身份是国民党的上层人士，真实身份却是我党优秀的情报工作者。他一生有很多卓越贡献，其中最为人称道的是三次重大情报的获取：1941年成功获取德军即将对苏联发起全面进攻的情报，使苏军取得了战略上的重大胜利；截获了日军策划偷袭珍珠港的情报；1945年，他还取得了日本关东军在中国东北的战略部署。

抗日先锋，少帅莫逆

阎宝航1895年4月6日生于辽宁海城望台乡小高丽房村，二十三岁毕业于奉天师范。同年，他和几个同学创办了奉天贫儿学校，这一善举得到程砚秋、张学良、郭松龄等人的支持。1921年，阎宝航在奉天基督教青年会担任实习干事，其间，张学良经常来此打网球，两人关系愈加密切。

1929年，阎宝航从英国爱丁堡大学研究院毕业，开始在东北组织抗日活动。先后组织和领导了辽宁省国民外交协会、辽宁省国民常识促进会以及辽宁省拒毒联合会三个反日群众社团。

阎宝航的政治生涯与张学良是分不开的。张学良晚年曾对阎宝航的儿子说："你父亲很能干，他到蒋先生那儿做事是我介绍的。"1930年，张学良也在阎宝航的引荐下与几位美国朋友见面。

1934年，蒋介石发起了所谓重整道德、改变社会风气的"新生活运动"（简称新运），并成立了"新生活运动促进会"，蒋介石、宋美龄分任总会长和指导长。阎宝航被任命担任书记兼干事，还曾和蒋介石共用一个大办公室。随后，在张学良的保举下，阎宝航出任"委员长行营"少将参议。后阎宝航又被委任为国民党军委政治部党政设计委员会设计委员。短短时间内，已经成了蒋宋身边的红人，尤得宋美龄的信任。

1936年12月12日，张学良发动举世震惊的西安事变。西安事变和平解决

后，张学良不顾众人劝阻，执意送蒋介石回南京，终遭软禁。

阎宝航开始努力搭救张学良。他四次前往蒋介石当时的居住地奉化，都无功而返。最终，蒋介石同意让阎宝航和张学良见一次面。

12 月 28 日，宋子文请阎宝航到位于南京近郊的北极阁公馆。在那里，阎宝航见到了被软禁的张学良将军。阎宝航事后回忆道："到达时，宋子文已在大客厅相候，见面就说：'我与蒋夫人和张副司令已经商量好请你去西安一趟，告诉东北军、西北军将领，张副司令几天内就回去。副司令有一封信带给杨虎城先生，让他把那批马丁飞机放回来，抗战还需要这批家伙，不要损坏啦。'又说：'我已从上海包了一架专机，明天你就动身。'……我转进小会客厅时，张学良已在候我。大事当前，无暇寒暄。当我提及宋子文叫我去西安一事，他说：'我们商量过了，你去一趟吧，我这里有封信你带给杨虎城先生，把飞机给他们放回来。'我问道：'宋子文让我告诉东北军、西北军将领你几天内就回去，你对这有什么把握吗？'沉默一会儿。他说：'我这次举动是为了国家，也为了领袖，他们待我怎样我不在乎。'我也沉默了……"这次相见，是两位莫逆之交的最后一次见面。

阎宝航带着张学良的亲笔信，飞抵西安，说服东北军、西北军放回被扣下的五十架飞机和陈诚等国民党要员。

晚年张学良得知阎宝航在"文化大革命"期间惨死狱中，很是痛惜，表示要为"阎宝航教育基金会"捐款。1995 年，张学良亲笔题写了"阎宝航纪念文集""阎宝航书画集"和"宝航图书馆"。

情报生涯三件杰作

1939 年，受周恩来、李克农嘱托，为建立情报机构，阎宝航举家迁移重庆，住在重庆村十七号，即"阎家老店"。这也是东北流亡老乡、民主志士的"避难所"，陶行知、沈钧儒、高崇民、于毅夫、范长江等都曾在"阎家老店"落脚。"阎家老店"更是中共开展地下工作、统战工作的重要基地。

周恩来常轻车简行来到阎家二楼客厅或顶楼举行会议。董必武、叶剑英也都曾在这里暂住和工作。周恩来机要秘书王梓木作为联络员经常深夜来访。

代号"保罗"的中共高级特工阎宝航利用在国民党上层的特殊身份，带领着一支精干的情报小组。在将近五年的情报生涯里，侦获德国进攻苏联的准确日期、日本偷袭珍珠港和日本关东军在东北中苏边境详细部署是其最为人称道的三件"杰作"。

阎宝航是重庆各种高级聚会的常客，潇洒的谈吐和豁达的个性总能使他成为焦点。在一次高规格的酒会上，阎宝航发现了一个惊天秘密，时任国民政府驻德使馆武官的桂永清在孔祥熙和希特勒见面时得知希特勒将要攻打苏联，还知道准确的时间：1941 年 6 月 22 日。

1941 年 6 月，党中央把这份由周恩来从重庆发来的绝密情报交到苏联手中。6 月 30 日，苏德战争爆发后的第八天，斯大林给中共中央发来了一封电报："感谢你们提供了德国进攻的准确情报，使苏联提早进入了战备状态。"后来有人说，这是斯大林给中国共产党唯一的一封感谢电报。

之后，阎宝航继续在情报战线大放异彩。

1931年9月27日，东北爱国人士在北平组织东北民众抗日救国会，张学良资助三十万元。前排左起：卢广积、王卓然、孙恩元；后排左起：阎宝航、杜重远、王化一

阎宝航与家人合照

1955年，阎宝航（后右一）陪同周恩来会见阿拉伯外宾

1941年11月，阎宝航从军政部密码破译机构获得日军将对夏威夷采取大规模军事行动的情报，立即报告周恩来。

1941年12月8日，日军偷袭珍珠港，太平洋战争爆发。

1944年秋，阎宝航又完成了一项“漂亮”的任务。当时日本节节败退，唯有其精锐部队——关东军在东北挣扎顽抗。关东军不可一世，日本天皇还曾幻想如果日本本土沦陷，就以东北作为最后的基地继续负隅顽抗。弄清关东军的兵力部署，对中共抗日和苏联方面都有着重大的战略意义。

接到命令后，阎宝航将注意力放到了国民党军委的核心机关——军委三厅。这个秋天，阎宝航和三厅负责人钮先铭的往来频繁起来。1945年8月9日，苏联红军和日本关东军交战之时，红军已经掌握了关东军详细得不能再详细的情报——细到关东军连级以上军官的姓名！

全家为国——从基督徒到共产党员

1927年，时任奉天基督教青年会总干事的阎宝航，通过苏子元向中共满洲省委组织部部长吴立石申请入党，终因联系中断而未果。

1937年4月，“东北抗日救亡总会”成立，直接由中共中央北方局领导。9月，经救亡总会党团书记刘澜波和博古介绍（也有人说周恩来也是阎的入党介绍人之一），阎宝航在南京梅园新村八路军办事处秘密加入了中国共产党。

这位从1921年在基督教青年会任职时就学习马列主义的进步青年成了共产党员。

阎宝航加入中共后并不归地下党组织领导，是周恩来亲自单线掌握的“特殊人物”。这层身份使得阎宝航身上又多了一层神秘的面纱。多年后，宋美龄还对他人说，阎宝航是虔诚的基督教徒，不是“坏人”。直到1952年，中共中央批准阎宝航在外交部公开了中共党员身份，但也还是没有向社会公开他的党员身份。

阎宝航有六个子女，其中四个被送到了延安，并且很多国民党高层都知道此事。重庆卫戍司令刘峙曾经设下一顿“鸿门宴”招待阎宝航。阎宝航正气凛然：“子女去延安是为了抗日，是他们自己的决定。而如果因为子女都去了延安就认定我是共产党，那就把我抓起来吧。”

1940年，周恩来安排阎宝航的大女儿阎明诗从延安回到重庆，协助阎宝航进行情报的翻译和整理。他的夫人高素也起了很重要的保护和隐蔽作用。其子阎明复后来回忆说，二楼书房的痰盂都只能由母亲清理，佣人碰不得。

军统虽然怀疑阎宝航，但始终没有可靠的证据，加之阎宝航和宋美龄关系很好，戴笠也不敢轻易冒犯。

玉衡是阎宝航的字。张学良等老友都称其为“玉衡兄”。玉衡星，是北斗七星之一，又名北斗五，位于斗柄与斗勺连接处。它没有夺目的光环萦绕，始终处在隐蔽的角落里，就像阎宝航的一生：与张学良结缘，与周恩来紧密合作，在隐蔽战线上作出卓绝贡献。他的一生传奇，怎一个“英雄无名”能简单概括。

（本文选自纵横军事网）

晋察冀边区反“八路围攻”大捷

文／丛林浪子

聂荣臻在晋察冀军区司令部

晋察冀边区地处衡山、五台山、燕山三山交会点，威胁正太路、平汉、津浦等交通大动脉，直逼平津，俯视平原，是华北的战略要地。

日军在七七事变之后当即占领了这一地区，企图把这一地区变为侵略战争的重要基地。

而中共中央也早已把目光对准了这里，在八路军开赴抗日前线的同时，中共杰出的军事家、政治家罗荣桓就曾率工作队到这一带进行了开辟抗日根据地的前期工作。

1937 年 10 月 28 日，中共杰出的军事家聂荣臻率一个主力团和骑兵营及总部特务团一部共三千人左右开赴此地，以这一支武装，打击敌伪势力，消灭日军据点，建立抗日民主政权，点燃了晋察冀地区的抗日烽火，队伍很快发展到七千六百余人，他们如插入日军背后的一把尖刀，断敌交通，攻击城镇，向日军进行了全面的游击战。

日本兵终于被打痛了，他们的战略部署受到了严重威胁。

1937 年 11 月下旬，日军华北派遣军司令寺内寿一调集日军第五师团、第十四师团、第一〇九师团和关东军察哈尔兵团各一部，共两万余人自 1937 年 11 月 24 日起向晋察冀抗日根据地全线出击：第一路，出涿鹿、怀来；第二路，出天镇、阳原；第三路，出应县；第四路，出新乐、定县、唐县；第五路，出石家庄；第六路，出保定、易县；第七路，出平定、寿阳；第八路，出代县、忻州。兵分八路向晋察冀边区合围而来，发动了对晋察冀边区的全面进攻。

日军投入兵力超过两万人，已达到国民政府所称的对日作战的大会战规模，是日军对我军建立的抗日根据地的首次大规模进攻。意图是摧毁这一新生的抗日根据地，消灭或者驱逐这一地区的抗日武装。

面对杀气腾腾的日军，我八路军亮剑迎上去的仅仅是晋察冀边区的七千六百多名官兵。面对此危局，八路军一一五师第三四四旅之六八七团火速来援，我军总兵力也不过一万余人。敌我比例2∶1。至于武器装备，更与日军相差天壤之别。

在中共领导下组织起来的抗日军民没有被强大的敌人吓倒，时任晋察冀军区司令员的聂荣臻将军要求部队扬长避短，坚决避免与敌正面对抗，而要歼敌于运动之中。

他命令地方干部组织群众坚壁清野，进行疏散；采取军民结合，新老部队结合，主力部队与地方部队密切配合；以游击战袭扰、疲惫和消耗日伪军，有经验的部队在机动的位置，以袭击、伏击、阻击为主要作战方式；以歼灭敌人有生力量为目标，集中主力寻机歼灭日军一路以打破日伪军围攻的作战方针，展开反围攻战役。

战役一开始日军就长驱直入，连夺被我军放弃的空城，而我军则机动灵活地打击日军，消灭日军的有生力量。

由阳原、应县等地向蔚县、广灵进攻的日军，连续在乱岭关、北府口等地受到我军伏击。由保定、易县西犯涞源的日军三千余人途经北奇村时，我军骑兵营突然呼啸而出一阵冲杀，等日军摆阵式准备迎战之时，骑兵营早已呼啸而去。晋察冀军区第一军分区向日军侧后急进，断敌补给。晋察冀军区第二军分区部队乘日军出犯，后方空虚，夜袭原平镇，歼日军一百余人。晋察冀军区第二支队在蔚县以南之北口村，伏击行进中的日军，日军被迫退回蔚县城据守。我军第六八七团在小寨伏击，重创日军

抗战时期的晋察冀军区

抗战时期的晋察冀军区

一路。第三支队会同三四四旅一部伏击日军第五师团第二十一联队，斩获颇丰。代县等地日军出犯后，沿途遭八路军和游击队袭击。

为了给晋察冀军区提供有效支援，刘伯承、贺龙二位将军率部向正太、同蒲铁路线发动全面出击，给日军施加压力。

我晋察冀军民与日军激战至12月21日。除占据浑源、蔚县、行唐、平山县城的日军部队尚能据守外，其他日军各部开始全面退却。此次日军的“八路围攻”战役以失败而告终。

此次战役，我军仅八次大型战斗就歼敌一千零八十七人，缴获长枪三百一十二支，机枪十挺，子弹五万余发……

反“八路围攻”战役，是在七七事变后，我军刚刚开始创建敌后抗日根据地，主力部队少，群众抗日武装缺乏战斗经验等不利条件下进行的。由于我军采取正确的军事路线，取得了七七事变后首次日军投入两万兵力以上，我军兵力处于劣势的战役的伟大胜利，其意义不单单是挫败了日军消灭晋察冀根据地的企图，也不仅仅是扩大了晋察冀的抗日武装至两万余人，更重要的是进一步鼓舞了边区军民的斗志，鼓舞了沦陷区军民的抗日斗志，为以后创建沦陷区抗日根据地和反击日军的“扫荡”“围攻”作战提供了宝贵的经验。

（本文选自铁血历史论坛）

首战黄草岭　浴血抗强敌

文 / 武际良

黄草岭又称“德洞关”，位于长白山脉南麓的长津湖地区，是朝鲜东北部的军事要冲。黄草岭、赴战岭为狼林山脉的主峰，海拔在一千米至两千米之间，大小山峰纵横绵亘，到处是悬崖峭壁，丛林密布，山峦交错，公路由峡谷中蜿蜒通往黄草岭，上面是壁立千仞，下面是万丈深渊，是抗美援朝战争敌我在东线战场的必争之地。

当时，东线之敌李承晚集团的首都师、第三师由元山登陆后，于1950年10月16日进占咸兴。美军陆战第一师、陆军第三师尾随其后。敌人企图攻占黄草岭地区，与西线美军第八集团军进攻朝鲜临时首都江界形成钳形攻势。

黄草岭附近的陆战队

按照彭德怀司令员西攻东防的作战部署，志愿军第四十二军一二四师、一二六师抢占黄草岭、赴战岭阻击敌人（一二五师配属三十八军在西线作战）。由于没有飞机掩护，我军没有制空权，部队只能夜间开进，汽车也很少，全凭战士的两条腿赶路，按每夜六十公里至七十公里急行军，至少需要六七夜才能走完四百公里，很难在摩托化的敌军之前占领黄草岭。吴瑞林军长当机立断，命令前卫师一二四师组成先遣队，由副师长肖剑飞率领各团副团长、师作战科副科长、参谋，携带电台，乘两辆汽车赶赴黄草岭地区，侦察地形，提出防御作战方案，并寻找、联络该地区的朝鲜人民军，一二四师先头团三七〇团随后跟进。

10月20日下午，先遣队到达黄草岭地区。肖剑飞副师长找到一位朝鲜人民军少将金永焕。金曾在中国东北民主联军的朝鲜李红光支队当连长，参加过我国的解放战争，1949年回到朝鲜，加入人民军，时任长津湖地区守备部队司令员。不等肖剑飞询问情况，金永焕便立即拉着他坐上一辆苏式军用吉普车，驶进位于一个山沟里的朝鲜人民军司令部，会见朝鲜人民军副总司令崔庸健次帅。

志愿军第四十二军在黄草岭血战美陆战一师

崔庸健是位老革命，20世纪20年代曾到中国广东参加过彭湃领导的海陆丰起义，后来又到东北参加中国人民反对日本侵略者的斗争。他对肖剑飞说："美军机械化，运动速度快，可能很快逼近黄草岭地区。我是从东线撤回来的，手下没有主力部队了，只有一个不足两千人的守备旅，七辆坦克、十二门野战炮，全部配属你们作战吧。"说完，他命令手下仅有的十余辆车，利用两个夜晚把部队运入阵地。

深秋午夜，稀疏的星辰闪着寒光，东北风阵阵吹来，山岭上的气温已降至零摄氏度以下。刚刚踏上黄草岭前沿烟台峰、草芳岭、龙水洞、水洞几个咽喉阵地的战士们没有喘一口气，便开始构筑野战工事，做伪装。刺刀出鞘，子弹上膛，战士们匍匐在阵地上，警惕地观察着黑乎乎的山谷，等待着黎明的到来。

守卫黄草岭发电所后山——796.5高地的是三七〇团二营四连。机枪手朱丕克蹲在机枪掩体里，把他心爱的加拿大造轻机枪架好。几天来的急行军，又挖了大半夜的工事，他又累又困，刚打了一个盹儿，一抹金色的晨曦已照在黄草岭顶峰上了。

朱丕克睁眼向山下望去，发现有十来个敌兵扛着枪大摇大摆地向山顶爬来，看样子他们没有发现四连已经占据了山顶。战士们都持枪瞄准了敌人。

当敌人爬到距离四连阵地只有三十来米时，连长盖成友一声令下："打！"

朱丕克的机枪首先开火，一梭子弹就撂倒五六个敌人，其余的扭头就跑，连滚带爬地逃下山去。

朱丕克的机枪打响了黄草岭阻击战的第一枪。

从1950年10月25日至11月7日的日日夜夜里，四十二军四万多勇士与不到两千人的朝鲜人民军相配合，面对的是掌握着制空权，有大量坦克、大炮等现代化装备的八万多敌人，特别是号称美国王牌军的海军陆战队第一师的两万之众，战斗机五十多架，坦克一百五十多辆，装甲车三十多辆，各种大小口径火炮四百余门，轻重机枪一千多挺的强敌。

而四十二军主力一二四师一万四千余人，仅有马拉山炮十二门，迫击炮、六〇炮和配属的炮团总共不过八十门火炮，轻重机枪只有一百五十挺。战士们手中武器是当年从日军和国民党军缴获的三八大盖枪、中正式步枪、冲锋枪、卡宾枪，加上手榴弹、手雷、爆破筒、

第四十二军指挥员在黄草岭阵地指挥作战

11月2日清晨，美海军陆战一师动用飞机四百多架次和榴弹炮百余门，对黄草岭我军主阵地狂轰滥炸，并以四十余辆坦克、装甲车为掩护，用一个团的兵力发起猛攻。我军工事全毁，人员大量伤亡，一线阵地被敌人占领。吴瑞林军长命令一二四师师长苏克之，发挥我军近战、夜战之长，迅速组织四个营的兵力，乘敌人立足未稳之时，天一黑就进行了一次大的反击。特别是三七〇团三营，由团参谋长、解放战争中的战斗英雄邢嘉盛与营长马振团、教导员董永兴率领，趁着大雪弥漫，全营人员反穿棉衣，人与雪浑然一体，神不知鬼不觉地插入烟台峰东侧水洞的西侧，歼灭驻守在那里的美军一个加强排，打开敌人纵深突破口。午夜，当敌人睡得正酣之时，三营千余人直下龙水洞以南敌后400.1高地，全歼敌人的一个炮兵营指挥所，击毁榴弹炮三门，汽车十余辆，直接威胁到敌人侧后的安全。由于三营反击过远，一千多人孤军深入敌后，对敌人是极大威胁，我军也有很大危险。邢嘉盛果断决定，趁天未明，采取掏心战术，固守400.1高地，深挖工事，做好激战准备。

果然，天一亮，美军陆战一师暂停了正面进攻，以一部人马回头配合预备队美陆军第三师一个团夹击，企图包围消灭三营，以解后顾之忧。敌人出动六十多架飞机、二十多辆坦克向三营发动猛攻，三营沉着应战，粉碎了敌人多

炸药包而已。

在黄草岭阻击战中，我志愿军将士扼守阵地，与敌军拼杀，每一个山头和高地都是双方反复争夺的战场。一个山头上午丢了，下午夺回来，一块阵地白天失守，晚上又重新占领。勇士们用鲜血和生命谱写了一曲曲惊天地泣鬼神的壮歌。

据守烟台峰的三七一团四连遭到美海军陆战一师一个团的猛烈进攻，激战五昼夜，连长、指导员和班排长阵亡，全连只剩下战士、卫生员、通信员、司号员等十九个人。小司号员张群生挺身而出高喊："我代理连长，大家跟我来！人在阵地在！"他把所有弹药集中起来，平均分配，每人只有五六发子弹和一两颗手榴弹。他们同敌人血战，从日出打到日落，让敌人在烟台峰四连阵地前丢下了二百多具尸体。四连的勇士仅剩下八人，阵地岿然不动。战后，三七一团四连被授予"烟台峰英雄连"称号，张群生荣立一等功。

黄草岭阻击战打响没几天，朝鲜东北部就下起了纷纷扬扬的大雪，给敌我双方攻守都增加了困难。

次进攻。

三营反击过远，与军师团指挥部失去联络，情况不明，吴瑞林军长、苏克之师长十分焦急。吴瑞林当即命令师里派一位领导干部率领一支精悍小部队，沿黄草岭与赴战岭结合部大雪覆盖的森林小道，隐蔽行进，务必找到三营，将其接回。

两天之后，在师小部队接应下，三营突围成功，冒着大风大雪绕道东海岸胜利归来。他们不仅把战斗中牺牲的战友掩埋好了，伤员抬了回来，还把抓到的几个美军俘虏和在美军中当帮凶的两个日本兵也押了回来。三营还带回了不少战利品。邢嘉盛把缴获的两架美国高倍望远镜分送给吴军长和苏师长。

黄草岭阻击战十三个昼夜，美王牌军陆战一师共伤亡两千余人，被俘三百人，损失坦克、装甲车百余辆，各种火炮八十多门，敌人赖以逞强的飞机也被击落两架、击伤多架，而不得越雷池一步。

十六年后，侵朝美军第二任司令李奇微在其朝鲜战争的回忆录中哀叹道："这支中国精锐（指四十二军）……他们不知何时到达，在（朝鲜）东部高原荒无人烟的崇山峻岭中埋伏下来，使联合国军在十分艰难中作战，遭到了损失。"

黄草岭阻击战名扬海外。1961年，第二次世界大战时期在非洲、西欧战场上打败德国法西斯军队的名将、英国的蒙哥马利元帅访问北京时，到中国人民革命军事博物馆参观，他特意询问了"黄草岭英雄连"的战绩，对中国人民志愿军的钦佩之情溢于言表。

1951年5月下旬，奉毛主席电召，由志愿军副司令员邓华率领，第一批赴朝作战的第三十八军政委刘西元（军长梁兴初因病住院）、三十九军军长吴信泉、四十军军长温玉成和四十二军军长吴瑞林返回北京，向中央军委和毛主席汇报作战情况。毛主席接见他们时，称赞这四个军是抗美援朝战场上的四根擎天柱。

一天晚上，毛主席在中南海寓所单独接见了吴瑞林军长，详细地询问四十二军黄草岭阻击战的情况。听完汇报后，毛主席笑着说："美帝国主义有飞机、大炮、坦克的优势，我们有山头、石头的优势。"他又指着吴瑞林的头说："还有像你这样的几百、几千、几万人的头脑。英勇顽强，机动灵活，这是我们最大的优势，是任何强大的敌人都无法战胜的。"

（本文选自中国军网）

第四十二军坚守黄草岭十三个昼夜

突破天险腊子口

文/崔 云 李 强 徐 勇

甘南藏族自治州腊子口战役遗址

1935年9月，毛泽东、周恩来率领中国工农红军第一方面军越过雪山草地后，到达位于甘南迭部县东北的腊子口。甘肃国民党守军以腊子口为防守重点布设了数道防线，妄图凭借天险把红军挡在腊子口以南峡谷中。是时，红军左侧有卓尼杨土司的上万骑兵，右侧有胡宗南主力，如不能很快突破腊子口，就会面临被敌人三面合围的危险。

红军过草地

毛主席毅然决定立即夺取腊子口，打通红军北上通道。9月15日黄昏，红军第四团（前身为叶挺独立团）接到上级命令："三日内夺取腊子口，扫除向甘南岷县前进路上的拦阻之敌！"团长黄开湘分析完当前形势后，立即率领部队直扑腊子口。

腊子口在藏语中意为"险绝的山道峡口"。实如其名，小小的口子不过三十米宽，两面都是绝壁，形成一个长达百米的甬道。湍急的腊子河从这道缝隙里奔流而下，河上架着一座木桥，成了两山间唯一的连接点。桥头筑有坚固的碉堡，桥西是纵深阵地，桥东山坡上筑满了三角形碉堡。国民党新编第十四师师长鲁大昌早已从各地调集了兵力，除了桥头部署的两个营，整个腊子山梯次配备了一个旅。在岷州城内，还驻扎着四个团的主力部队，随时可以增援。

16日晚，攻打腊子口的战斗打响。凭借险要地形和坚固工事，狡猾的敌人躲在炮楼里一枪不发，等红军部队接近桥边时才投下大量手榴弹。五十米的路面上铺了厚厚一层破片和没有拉弦的手榴弹，有的地方已经堆了起来。

连续冲锋没有奏效，红四团当即调整部署，由政委杨成武负责正面指挥，用一个连从正面进攻，夺取木桥，团长黄开湘则率领两个连队，沿右岸的峭壁迂回到侧后袭击敌人。

在正面进攻中，杨成武组成精干突击队，宣誓“为英勇牺牲的同志报仇，不打开腊子口绝不回头”，并轮番向桥头突击。突击队员、六连连长杨信义率先带领十多人隐蔽接近桥头，一个战士抓着桥下横木过桥时掉进激流，引得敌人向桥下猛烈射击。杨信义趁机带人冲过桥，一边砍杀，一边高呼：“为死去的同志报仇！”敌人被镇住了，有的掉头就跑，有的找隐蔽的角落躲了起来。

与此同时，团长黄开湘率领的迂回部队已经直插到敌人背后。他们居高临下，将随身携带的手榴弹投向敌阵，炸得敌人四处逃窜。战士们抡起大刀冲向敌阵，峡谷里刀光闪闪，鲜血四溅。经过激烈战斗，红四团歼灭守军两个营，成功夺取天险腊子口。一名被俘的敌人感叹道：“没有想到，这样的鬼门关都被你们闯了进来！”

腊子口战斗是红一方面军在长征路上最为艰险的一次险关之战，打破了蒋介石妄图利用恶劣的自然条件“困死”“饿死”红军的阴谋。聂荣臻元帅曾对此评论道：“腊子口一战，北上的通道打开了。如果腊子口打不开，我军往南不好回，往北又出不去，无论军事上政治上，都会处于进退失据的境地。现在好了，腊子口一打开，全盘棋都走活了。”

（本文选自中国军网）

腊子口战役纪念碑

腊子口战役遗址

海上的遭遇

文/周而复　吴伯箫　刘白羽　金肇野

从阜宁到六合庄

调到延安学习的团以上干部，刚集中到阜宁某师师部，下午就得到淮海苏北各地的情报：敌人向阜宁合围。反“扫荡”的准备工作开始了。我们把武装部队分散到根据地每一个角落，去帮助群众，坚持工作，打击敌人。延安的干部，当时便组织起来，成立赴延干部队，某师参谋长彭雄同志和某旅旅长田守尧同志担任正副队长，某旅政治部主任张赤民同志，则是这个队的支部书记。虽然赴延干部队一共有五十一人，但却没有一个战斗员；随身的武器，也不过是驳壳枪和手枪，其中还有不少女同志！

就是这样一支非战斗部队，便在盐河淮海一带，敌人的密密据点、层层封锁当中，展开了机动的游击战。盐河是一道封锁线，五里一个堡垒，十里一个岗楼，据点与据点之间还有埂子，老百姓渡河的船只一到天黑就被迫挂在据点附近，夜里还有敌人的骑兵来往巡视。原先计划过盐河淮海陇海路……去延安的路线，彭雄同志考虑到情况起了变化，便临时改变了决心——从海洋上去。

干部队到了旧黄河东坎，遇到我们的两个连，临时变成了掩护部队。敌人一直在追踪着这一支非战斗部队，有两千多敌人，两门大炮，三架飞机，把干部队包围在李坪。超过我们二十倍力量的狡猾敌人，企图把干部队歼灭在那里。从上午8时，一直打到暮色无声地降落下来，敌人反复六次冲锋，全被打退了。在绝对优势的敌人火力面前，没有一个气馁的，个个都是越打越坚强，每一位干部都带着几名战斗员，组成一个战斗单位在抗击着敌人。夜晚，便英勇地突破了重重的包围，过义河，从江淮据点到吴小集据点。敌人登陆了，然而却找不到干部队，干部队隐蔽在五泛港。第三天又转移到北蔡桥以东宿营。这次敌人知道了，而且又包围住了，但有什么用呢？不过又扑了一次空。干部队安全地到了黄河边上的六合庄。准备搭民船到滨海区赣榆柘汪，过山东去延安。

干部队虽是非战斗部队，但却是一支百炼成钢的不可摧毁的力量。

向延安前进

2月16日的早晨，船老大老王浮着一脸笑容，兴冲冲地跑来告诉彭参谋长和田旅长，说今天风定，可以走了。他指着高耸晴空里桅杆上的小三角旗给他们看，我们要向西北开，刮东南风多好。田旅长是一个考虑问题周密而又谨慎的人，他详细地估计到各种可能发生的情况，却叫船老大老王解决了。最迟明天上午可以到达目的地柘汪（这是我们滨海区的根据地）。黑夜通过连云港的敌人封锁线。过了，白天就没事，不会遇到敌人。夜里敌人来了，他们船上有灯，老远就看见，绕一个弯就过去了。如果转风向，那就退回来，后一天再走。领导民船上工作的指导员老马也说，根据他们几次走的经验是不会碰到敌人的。是的，他是经常在苏北山东来往做生意的，这一路很熟悉；而船老大老王，六十三岁了，在海上就度过了四十多个年头，那海上的丰富经验就是一个保证；并且走的不是敌人指定的航线，另辟一条航线，在海中间行驶，更是碰不到敌人的。彭参谋长和田旅长、张主任商量之后，下决心："走！"

昨天退潮，船留在黄河的沙滩上，这是一只载重八千担，吃水四尺深的大民船，八个大舱，六根三丈多高的桅杆，扯起篷来，一阵顺风，确是次日11时可以到柘汪的。等到下午涨潮，彭参谋长第一个脱下衣服，跳到黄澄澄的水里，大家也跟着下去，帮助船老大他们把民船推动起来。每一个人的脸上都浮着愉快的微笑，连站在黄河岸上送行的海防队同志，也都高兴得拍起掌来，欢呼地高叫着："祝你们风顺平安！"

船在黄河激越的浊流上缓缓地驶去。坐在头舱里的彭参谋长、田旅长、张主任、供给部部长伍瑞卿、盐阜区行署保安处处长黄国山等人都站了起来，微笑地向送行者挥着手，叫他们回去。他们怎么肯回去呢，一百多个人依恋地站在岸上，像座屏风似的，目送着亲爱的首长远去，几乎忘记了潮水快涨到脚底下来了。

走了三里多路，就看见口子上的那座灯塔，黄河的激越浊流，便消逝在茫茫无边的黄河里了。调转船头，水手们费劲地扯着篷，忽然爆裂开鞭炮的音响：噼噼啪啪的脆声里，猛地炸开"砰"的一声——这是天地响。彭参谋长从头舱里跑到上面一看，是水手班班长小王在放鞭炮，他说："你看，彭参谋长，风多顺，眼看我们就要到柘汪了，还不高兴高兴！"

船老大老王坐在头舱后面，像一个身经百战的将军似的，稳重地掌着舵，那垂在胸前的花白了四寸多长的胡须，在东南风里飘呀飘的。篷子饱蕴着河风，绿茵茵的海水上，卷起一阵阵雪白的浪花，船追逐浪花急驶着。

……

"彭参谋长，风停了！"

黑夜，像一只广大无边的巨网，覆盖在咆哮着的海上，船行驶得很快。

彭参谋长叫干部队的同志，都躺下来休息了，可是他自己却躺不下。他在船老大老王旁边，关心地问他一路的情况，还有多远，他一会儿到上面看看水手们，望望放瞭望哨的警备员，一会儿

瞧瞧前舱里的人是不是休息了。田旅长上船就晕船，不大能动，躺在头舱里，不时问彭参谋长航行的情形。

船上静悄悄的，舱里不时迸发出轻微的鼾声，都被四周浪涛的音乐吞没了，只是上面探水的船老大高亢的喊声，还可以听见，他坐在伙房旁边，把一把拳头粗细的十多丈长的探水篙往海里一扔，慢慢又把它拉上来，仔细审视上面的水迹。便发出悠长的富有韵味的呼喊：“五庹……深……”（一庹五尺）

掌舵的老王根据他报告水的深浅，望着他面前桌子上那一个大指南针，决定航行的方向；向前面叫：“向东……向南……”

海上的生活，大家都是第一次，全感到新鲜，许多人虽然是躺下，但是却醒着，坐在二舱里的某团政治处主任程世清同志，他就怎么也闭不上眼，并且上去招呼着船老大和警备员的岗哨。彭参谋长一点也不晕船，和船老大他们越谈越有精神，他拿出干粮饼子来，给掌舵的老王吃，叫大家也吃。

“你们把干粮拿出来吃，吃饱了有精神，上岸还早呢。”他刚才问过老王，到柘汪还有七十里。大家一边吃着，一边聊着天。

冲击着船舷的白浪，慢慢低落下去；那激昂的涛声也渐渐地消沉，波浪小下去，船平稳了。夜雾沉沉的海面只留下小浪起伏着。

叫作小张的水手，也急忙跑到舱里来，神情很紧张，说：“彭参谋长，风停了！”

田旅长马上坐了起来，他问掌舵的老王，这怎么办？船上人的注意力都集中在老王的身上，老王慢吞吞地，眯缝着眼睛，向茫茫的海面上望了望，抹了抹胡须，很有把握地说：

“不要紧，风还没有停，不过小一点，一会儿还有风。”

大家听完他的话，得到一种保证，安定下去了。船慢慢地在走着。走了没一会儿，却完全停了。帆泄了气似的，瘪着肚子。

船停着。

大家焦急地在期待风，彭参谋长时时在看表，已经夜里3时了，半小时过去了，没有风；一个钟头过去了，没有风；一个半钟头过去了，还是没有风！时间是多么悠长啊！但就是没有风，忽然，桅杆上那面小三角旗动了，船走了。风带来了全船的欢呼。

可是，还没有走几里地，风又停了，这一次掌舵的老王失去了稳重，也陷于焦急了。他告诉彭参谋长和田旅长，风完全没有了，短时间也不会有风。咋办呢？他说：“我也没有办法。”

田旅长过去问他：“船老大，我们现在是在什么地方？连云港绕过了没有？”

“连云港是过了！”

大家松了一口气。旋即却又被他下面一句话勾起顾虑来：“前面还有东洋鬼子的口子！鬼子的船常常出来！”

这有什么办法呢？一丝风也没有，船像抛了锚似的停在海面上。

坚持到底

浓黑的夜幕逐渐淡薄起来，东方透出了一缕白光，这白光慢慢扩大起来，眼前又展开漫无涯际的海水，闪着亮光。三只海鸥展开雪白翅膀，无声地掠过绿沉沉的波纹，自由地飞到海的远方去了。船却还是停着，烟沉沉的海的彼岸，什么也看不见。

"我们现在是在什么地方？"彭参谋长问船老大。

船老大老王向海岸上瞅瞅。"不好，"他指着远远的迷蒙的海岸，"那就是岚山头！"

"岚山头不是敌人的据点吗？"田旅长插上来说，老王点点头。田旅长又问："能不能把船绕过去一点？天亮了，不要给敌人发现目标。"老王无可奈何地摇摇头：

"没有风，一点也动不了，谁也没办法！"

猛地，海岸那边传来嗡嗡的音响，大家以为是飞机来了，但抬起头来，向高空张张望望，却又看不见一架飞机。张主任拿过田旅长那副望远镜，他到上面去瞭望了。海岸那个方向，什么也看不见，像是飞机的声音。在碧沉沉的海上，发现了一个小黑点，他叫人去看。大家注意力都集中在小黑点上，黑点慢慢大了，近了，瞅见一个圆圆的筒子，凸出在海面上，这是烟囱，掌舵的老王不禁大声叫了出来：

"那是敌人的巡逻艇。糟糕！"

彭参谋长叫他们不要动，隐蔽好，一边说，不要慌，看清楚了再说。船底下有一部分人站了起来。

张主任伏在船舷上一边望着，一边喃喃地自语着。

"看见了，看见了，是一只巡逻艇！上面挂着一只日本旗呢！但不一定是向我们这儿来！"

田旅长从舱里站了起来，一夜的晕船，使得他精神很不好，头昏昏的不时想呕吐，连站都有点站不稳。但是这位曾经参加平型关战役，消灭敌人最精锐板垣第五师团的年轻将领，一听见有敌情，精神马上抖擞起来了，他要上去布置战斗，马上就被彭参谋长他们阻止住了。

"你晕船，身子不行，我来布置。"彭参谋长安慰他。

"通知船上的人，赶快准备好……"

彭参谋长用望远镜详细看了看，然后亲自到各个舱里去布置，叫大家把子弹都推上膛，手榴弹也准备好。船上的指导员带着水手们卧倒在船板上。程世清到船头上去，指挥前面的人，并在船舱上面放了一个瞭望哨，最后他说：

"敌人不来，大家都不要动，敌人不靠近我们船，也不准开枪！我们准备好，到了我们为革命牺牲的时候啦！"船上的人都进入紧张的战斗准备里。伏在船舷上的张主任，拿着望远镜到头舱

彭　雄

里来，告诉彭、田他们，敌人果然是向他们这个方向来了。彭参谋长笑嘻嘻地说：

“让他来吧，他会吃亏的！”

“砰——”对方传来一声枪响，旋即又是一枪，都是向天空放的。探水道的船老大和水手们都习惯地把篷子放了下来。这是海上的规矩，第一枪是叫停船，第二枪是叫放下篷子，不然的话，就要打过来。田旅长叫船老大站起来告诉敌人，我们是商船做买卖的，不要打枪。老王站在船上喊完，海上的强盗一听见是商船，贪婪地向民船驶来，说：

“我们来查一查。船老大出来！”所谓“查一查”，就是想抢点财物去。敌人没想到自己的性命会葬送在海里。

在船头指挥作战的程世清，他穿上望水道老李的衣服，一个拉出发火线的手榴弹藏在袖筒里，他英勇地站在船头上，船老大出来迎接敌人了。

巡逻艇有着装甲设备，甲板上站着十二个海盗，蛮横地端着枪。巡逻艇颤巍巍地靠近了民船，碰得民船动摇起来。站在前面的那个小队长，穿着一身崭新的草绿呢制服，腰间挂着一把贼亮的战刀，手里拿着一个本子，一支铅笔，带着一个翻译官，跨上民船来，很神气地问道：“你们上哪儿去？船上有什么东西？要登记！”

化装成船老大的程世清很沉着地等敌人，那两人刚一跨上船没站稳，程世清便使劲一推，扑通一声，两个海盗在海底找到他们的葬身之地。

顿时，程世清把藏在袖子里的手榴弹，向站在甲板上的人扔去，“咻”的一声，飞到甲板上后爆炸了，在烟尘里，十多个敌人带着浑身的弹片伤口，慢慢停止了呼吸。巡逻艇像一只受惊的小鸟似的，吓得远远地离去了。从此，它也不敢靠近民船了。一无战斗设备的民船，连沙袋也没有，固然抵挡不住钢板装甲的巡逻艇，但民船上坐的尽是驰骋江南的新四军战斗英雄，他们的意志，他们的战斗力，比敌人的钢板还要坚硬。

巡逻艇开到四百米以外，便停了下来，敌人躲在钢板后面，由机枪巡回地绕着民船周围扫射。敌人欺负我们没有长枪和机枪，疯狂地、毫无顾忌地，远远向我们扫射。子弹雨点子似的射进船上，舱里扑哧扑哧地响，船头和船尾打满了子弹洞，子弹洞里顿时就流进水去。厚厚的船板，给水濡湿，发胀，子弹洞就给胀住了。但旋即又打满了洞。民船像一堆瘫软了的残体，躺在海面上，一步也动弹不得，忍受着野兽们的欺凌！

卧在舱上面，跟几名警卫员一块抗击敌人的指导员老马他们，都牺牲了。坐在舱里的人，有几个给打倒了，躺在舱板上的血水里。敌人的火力还不断地射击着船头。彭参谋长气愤地跳了起来，叫警卫员跟他走，旋即被供给部部长伍瑞卿同志拦住了：

“你上哪儿去？”

“到船头上去！”

“你知道船头上打得怎么样吗？”

“我知道打得很激烈。”

“那你就不应该去，那地方很危险，让我去！”

“正是因为那儿激烈，我更要去！我去指挥他们抵抗，无论如何，不能叫敌人接近我们的船……你别拦住我……”为了全船的安全，不顾忌一切，彭参谋长毅然走了，警卫员跟着他高大的背影到船头去指挥了，早准备好枪支的伍部长也带着警卫员到上面作战去了。彭参谋长穿过敌人密集的火力网，到了船头。他给大家带去了更多的力量，更大的勇气，虽然拿的都是短短的驳壳枪，一阵射击，敌人的巡逻艇离远了一点，敌人射击的效果也就差了一些。但是，依然不放松地射击着。“咯咯”几声，彭参谋长胸前中了三处机枪伤，警卫员把他扶回头舱来。大家默默地围着他，给他清理伤口，他焦急地说：“不要管我，你们去抵抗敌人要紧，快去，去！”

大家服从命令地回到自己的岗位上去。他的妻子留在他身边，在照顾他。他神志有点不清醒，还关心地问：“他们都去抵抗敌人了吗？”

“都去了。牺牲的不少。”

“好！他们牺牲得都很光荣，很值得。”

海上静静的，还是没有风。

敌人的枪声稀疏了，传来了叫声：“不要打枪！”

“你们投降吧！”

“投降不要紧，不杀你们！”

我们船上的人，把枪拿得更紧，异口同声地说：“我们决不投降，我们决不放下枪！”

“除非把我们打死，决不做俘虏！”

大家只有一个决心——宁死不投降。连船老大也卷起袖子，拿起船上那条不大能使唤的长枪，感动地说：“我们跟他们拼！”水手班班长小王拿着自己那支坏马枪，不时伸出头去打敌人。敌人的诱降，所得到的回答是更密集的枪声。待了一会，当敌人知道新四军每一个指战员都是不可屈服的，机枪又在民船四周叫嚣起来了。

头舱里突然迸发出一声疯狂的叫唤，张主任的妻子张明给打倒了，田旅长的妻子陈洛莲身上也挂了花。按着伤口，陈洛莲说：“到了我们最后为革命牺牲的时候了……”张明抬起头来，对张主任说：“我不行了，你们打，赤民，你们坚持到底……”

男同志们说：“我们先死，你们后死，大家死在一块好了。”张主任的警卫员戴文天匆匆跑过来，满头满脸是汗，在找程世清。戴文天是盐城人，才十八岁，可是浑身闪着勇敢和饱满的精力。虽然是1940年才参加新四军，但是在革命的军队里已把他锻炼得很坚强了。戴文天把子弹打卡子了，他找到程世清，向程世清要了一把驳壳枪。戴文天接过新的驳壳枪，像增加了无限的生命力，他又跑去打了，子弹在船上面“呼呼”地飞来飞去。

船舱里汪着红殷殷的血水，像一条小河，河里躺着负伤的干部和水手。田旅长虽然晕船，但一直还是顽强支撑着，鼓励着大家要坚持下去，他指挥着船上没受伤的同志们在搬船板和被子，连女同志也无声地曲着背在搬运着，用船板和被子把四面堵起来，抵挡子弹。脚踹在血水里，溅得满腿是血。

一阵急骤而沉重的步子，警卫员把伍部长背了下来，他脑部受了很重的伤，迷迷糊糊地喃喃着：“我的革命已经成功了，你们继续打敌人！”他把手里的枪递给警卫员，“去，坚持下去！坚持到底！”

“坚持到底”这句话说出了大家的意志。

接着，最后一个水手，那个粗眉大眼四方脸的小张腹部也受了伤。敌人的机枪像煮沸了水似的响着，保安处处

田守尧

长黄国山看着我们仅有十多颗手榴弹，二十多支手枪，子弹也快打得差不多了，他把手榴弹的发火线拉出来，想炸船，同归于尽，免得子弹打完了做敌人俘虏。张主任迅速地把手榴弹抢了过来，说："还早着呢，用不着。要是敌人上了我们的船，再炸也不迟。"

太阳有点偏西，海面泛着无数的金光，枪声渐渐稀疏了。不知外面情况怎么样，张主任想上去看看，他的警卫员戴文天自告奋勇地要去，但张主任要亲自去看一看。于是，他们两个爬到舱顶上去了。敌人没有走，巡逻艇离得还很近。侧面射来一枪，正打在戴文天腹部，他们两个退了下来。

枪声停止了。张主任又要上去看看，却被负了伤的戴文天抢着，他按着伤口一个人趴在舷上望去，高兴得忘记了伤口痛，大声对舱里说："敌人退了。"真的，巡逻艇对一只既无工事设备，可以说又无武装（单是短枪不顶事）的民船，从清晨直打到下午3时了，奈何不得，悻悻地向连云港那个方向去了。而且巡逻艇上还带回去十多具海盗的尸体。

起风了

船上水手中只剩一个负伤而且还动弹不得，其余的都牺牲了。于是大家动手，拿出主索，很费劲地把篷子扯起来。刚扯好一个篷子，起风了！船上洋溢着笑声。可是大家焦急着，没有掌舵的人，怎么办？负伤的小张自告奋勇要求掌舵，他站不起来，躺在拴舵的绳子旁边，用手拿着绳子来掌舵。

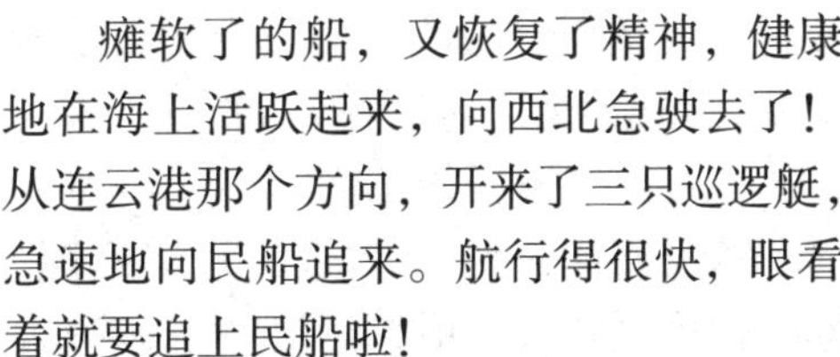

瘫软了的船，又恢复了精神，健康地在海上活跃起来，向西北急驶去了！从连云港那个方向，开来了三只巡逻艇，急速地向民船追来。航行得很快，眼看着就要追上民船啦！

田旅长晕船稍微好了些，看见又来了三只巡逻艇，更精神起来。他指挥大家伏在舱底上，准备好战斗，只要敌人一接近就跟他们拼。可是敌人不敢接近。程世清同志那一颗手榴弹，把敌人打丧了胆。他们躲在装甲的巡逻艇里，不敢伸出头来，只是远远地用六挺机枪，密集的步枪，来射击着毫无抵抗力的民船。除了这样，敌人在不屈不挠的新四军指战员面前，毫无办法！

离柘汪还有五六十里，田旅长改变了决心——靠岸，从陆地上到山东根据地去。水手小张的舵转过来，船向海岸驶去。彭参谋长听说要上岸，从昏迷的状态里，有点清醒过来，睁开眼睛，说："对，上岸去！这一次我们吃了没有带战斗部队的亏，连一杆长枪也没有，净挨打，同志们都坚持下来了……上了岸，在陆地上敌人就占不了优势了。上岸的可以到一一五师师部去，我不能活了，我和陈、罗首长（一一五师陈代师长和罗政委）在一块工作很久，你们把我尸首抬到师部，给陈、罗首长看看，我也安心了……”

田旅长安慰他：“不要紧，你好好休息。”对着将要永别的十多年的革命战友，大家神情黯然，说不出什么话来了。只是握紧了手里的枪，对着敌人。

彭雄同志很小就参加红军，为了劳动人民，为了祖国的解放，曾经受了四次伤。二十九年的生活都在战争里度过，最后又把自己的生命，在战斗中献给了祖国。大家都会像爱祖国一样，永远地爱你，永远地记住你，彭雄同志！

永恒的记忆

船快靠岸，尾追来的三只巡逻艇，枪声打得更紧，也更靠近民船了，敌人企图把民船包围起来，俘虏船上的人。田旅长识破了这一点，叫大家上岸，保全自己，打击敌人。船拢在一个浅滩上，离岸一丈多远，再不能向岸上靠拢了，敌人正步步逼近。正在涨潮，汹涌而来的浪头冲击着岸边，水逐渐往上涨。田旅长冒着敌人密集的火力，第一个跳下去，其余的人都跟着他也跳下水，向岸上走去。

敌人六挺机枪和几十支步枪所构成的交叉火力点，封锁着上岸的去路，子弹像大雨点子似的，落在海水上，射在人身上。一会儿，海水上泛起殷红的血——有人中弹了，沉到水里去。田旅长和陈洛莲一些人，走在最前面，不幸踹进了一个水槽里，失脚陷下去了。张赤民在船上招呼后面的人走上水浅的道。

消瘦谦和的田旅长——骁勇的年轻将领——一生为了革命事业，青春都献给了党的事业。挂过七次花，身上布满枪弹的创伤，这次为了领导大家突出敌人的包围，牺牲了自己，救出了大家，你的伟大的战斗精神，永远活在大家的心里。

在敌人绝对优势的火力扫射之下，一支非战斗的干部队，在他们从来没有经历过的海上作战的情况下坚强抵抗了一天，没有一个屈服的，没有一个动摇的，像这样悲壮的斗争，像这样无畏的精神，在抗战史上是可歌可泣的，这是共产党人崇高的品质，凛然的气节。

彭雄、田守尧诸同志是江南人民一面战斗的旗帜，这面旗帜在海上英雄地折断了，这不仅是江南人民的损失，也不仅是新四军的损失，而且是全国人民和共产党的很大的损失！你们英勇地死去，这精神，将永恒地振奋着全国的人心。

不久，赣榆县的马鞍山上，建起一座高耸的烈士纪念塔。它矗立在云空，对着浪涛汹涌的黄海，昭示着烈士们的精神，和黄海一样，永存在人间。

（本文选自《延河情怀》）

华家岭阻击战

文/周　鹏

华家岭

进攻兰州

华家岭阻击战是红军三大主力在会宁地区大会师前后十多次战斗中最为艰苦、惨烈的一战。

1936年10月，经过二万五千里长征的中国工农红军第一、二、四方面军陆续进入陕甘宁交界的广大地区，即将实现胜利会师。不甘失败的蒋介石紧急调集胡宗南等部二十五万余人，企图通过组织“通渭会战”将红军主力部队压制于黄河东、西两岸一举“歼灭”。

为了粉碎国民党的“围剿”阴谋，中共中央指示红二、四方面军挥师北上，向静宁、通渭、会宁集结，国民党第三军王均部、第三十七军毛炳文部也紧追而来。

位于甘肃省通渭县和会宁县之间的华家岭，当时是西兰公路（西安至兰州）的必经之地，敌人企图在这一带控制红军北上、西进，而红军要粉碎其阴谋就必须御敌于西兰公路以南。

10月20日，红四方面军总部命令担负后卫任务的红五军在华家岭地区设伏阻击敌人。此时，红一、四方面军先遣部队已在会宁会师。在胜利会师消息的鼓舞下，红五军官兵斗志旺盛、士气高昂，连夜构筑了野战工事。

董振堂

10月22日，红四方面军主力已全部离开通渭进入会宁县境。已追至下马营镇的敌三十七军九个团自恃人多势众、装备精良，排着四路纵队气焰嚣张地沿公路向华家岭扑来。

红五军军长董振堂令红三十七团在华家岭南一带阻击敌人。一场空前激烈的阻击战在下马营至华家岭二十多公里的山梁和沟壑间打响了。

当敌人进入伏击圈后，埋伏在华家岭公路两侧山头上的红三十七团立即发起攻击，子弹雨点般地射向敌群。敌人惊慌失措，仓促应战。一声冲锋号响，全团指战员冲出战壕扑向敌阵，顿时杀声震天，敌尸遍野，三十多名未来得及逃命的敌人被俘。短短三十多分钟，一场伏击战就干净利落地结束了。

敌军原以为红军经过长途跋涉不堪一击，没想到战斗力如此强盛，受挫后变得警觉起来。午后，敌人先用迫击炮轰击红三十七团阵地，随后以整营、整团的兵力集中冲锋。红五军三十七团与三十九、四十三、四十五团轮番上阵，阻击九倍火力于已、有七架飞机配合的敌人。红三十七团团长李连祥指挥部队抢先占领了双墩梁、回回湾、孙家梁等高地。敌派出六架飞机在双墩梁、回回湾一带轮番轰炸，冲天的沙石，滚滚的浓烟笼罩在华家岭上空。就这样，在华家岭公路两侧，红军与数倍于已的敌人整整鏖战一天。三十七团边打边撤、伤亡严重，战斗进行得非常激烈。

10月23日，敌第三、三十七军在猛烈炮火的配合下，全力向华家岭的红五军阵地发起总攻。红五军第三十九、四十三、四十五团分别占据周围山头有利地形，接连打退了敌军的五次冲锋。敌见正面进攻不能奏效，便调来七架飞机助战。红军的作战工事都在光山秃岭上，没有树木遮挡，敌机的轮番轰炸和俯冲扫射使红军伤亡剧增，副军长罗南辉不幸被炸弹击中壮烈牺牲。当红三十七团赶到大墩梁时，红三十九、四十三、四十五团已经伤亡惨重。

敌军在飞机的支援下又接连组织冲锋。红五军各团虽组织了几次反冲锋，但未能有效打退敌人，只好沿杜家梁、毛牛川向会宁县城方向撤退。敌机穷追不舍，轮番狂轰滥炸。敌军乘势蜂拥而来，将红军团团围困在毛牛川。在“报仇！报仇！”的呐喊声中，红军战士个个像猛虎一样跃入敌群，子弹打完了，就用刺刀、枪托、木棒与敌人进行殊死搏杀。经过持续两天的血战，红五军最终胜利完成了阻击任务。

华家岭战斗中，红五军给敌人以重创，彻底粉碎了蒋介石将红军消灭在西兰公路以南的企图，有力地配合了主力红军的胜利会师，为红军西渡黄河、东进陕北赢得了时间，打开了通路。

（本文选自中国当红网）

一首红军歌谣

文/邵天伟　曹树华

杨秀山

月亮出来亮堂堂，红军进城不打枪。

县长杀在买鸡巷，赵中队长装婆娘。

在富民县城，大凡八九十岁的老人都知道这首歌谣。事隔多年，作者已无法考证。短短四句小诗，明白晓畅，朗朗上口，既概述了红军长征过富民的情况，又表现了当地百姓对红军的赞美及对国民党的嘲讽。

1936年4月11日，由团长成钧、政委杨秀山带领的红二军团前卫团十八团，撤出六甲之战，火速接近富民。为避免不必要的伤亡，不暴露行军目标，部队大多夜间行军，白天休息。那时的富民县城方圆只有两平方公里。守城没有正规军，只有一支八十人的常备队和一支四十多人的政警队，以及前几天从各地抓来"救急"的两百多名壮丁。

夜幕降临，月亮升起，睡好、吃饱的红一连战士在连长曾尔初（1938年在抗日战场牺牲）的带领下攻城。连续的枪声和手榴弹爆炸声从西门传遍全城。在老百姓的引导下，红军翻进城墙，西门打开。其他部队也相继占领北门楼、东门楼，打开北门、东门。城门打开了，

“红军长征过富民”纪念碑

红军战士如下山的猛虎，威不可当，守城敌人像一群无头苍蝇东躲西藏。

在富民作恶多端的县长郝煊等不来救兵，出城无望，便躲到地主余文山家。红军去抓他时，他不承认是县长，在与照片辨认及群众的指认下，才瘫倒在地。后此人因罪大恶极被枪毙。

县常备队赵中队长早已失去了昔日的威风，躲到朋友家内房，狼狈地装成产妇卧在床上，床下还放了双小脚鞋子，躲过了红军的搜查。

红军入城后纪律严明，说话和气，买卖公平，富民县城出现了一种新奇而欢乐的气氛。12日下午5时多，十八团接到了军团指挥部命令，撤离县城，向禄丰前进，直逼石鼓金沙江。第二天，援敌独立旅张冲部靖卫一、二团才姗姗来到，只有叹息的份了。

据杨秀山将军回忆文章说，攻打富民县城没费多大劲，全团没有牺牲一个同志，只有三人受了重伤，几个同志负轻伤。

20世纪80年代，杨秀山、陈靖两同志先后重走长征路过富民。杨秀山将军专程去看望了当年救助红军伤员的大西山村李镇老人。被誉为“红军诗人”的陈靖抚今追昔，写有一诗《富民忆攻城》:“攻取富民记犹新，普度南来巧登城。一粒子弹帽横飞，三架云梯衣卷云。攻下碉楼攻阁楼，砸开石门砸衙门。故地重游感慨多，昆明郊外过清明。”1997年6月，富民县委、县政府在滨河公园建立“红军长征过富民”纪念碑，由萧克上将题词。

（本文选自中国军网）

榨菜和豆瓣酱

文/敖海波　张远葆

在抗日战争的艰苦年代里，由于日军的疯狂进攻，战斗频繁而残酷，建立于山区的抗日根据地，面临着严重的生活困难。不仅在前线浴血奋战的八路军生活十分艰苦，就是八路军前敌指挥部的首长，也同战士们一样过着艰苦的生活。朱德总司令是四川人，特别喜欢吃家乡的特产——榨菜和豆瓣酱。但千里相隔，要得到谈何容易，只能是想想而已。

长期工作在重庆的军委副主席周恩来，深知前方指战员的艰辛，更是时时惦记着朱总司令的身体，恰遇一个偶然的机会，托人给战斗在太行山区的朱总司令捎去了一包榨菜和一盒豆瓣酱。俗话说："千里路上不捎针。"东西虽不多，但足以体现老战友间的深厚情谊。

朱总司令收到这些珍贵的食品时，高兴得手舞足蹈起来，见物如见人，他似乎又看到了周恩来那关切的目光和愉快的笑容。他打开纸包，只尝了一点，就嘱咐警卫员收藏起来，并关照说："小鬼，一定要保管好，现在不能吃。千里送鹅毛，礼轻情义重。恩来捎来的东西我不能一人独享，等总部开会的时候，让其他首长都来尝尝鲜。"

一天，朱总司令把警卫员找来，兴冲冲地说："明天，总部要召集一个会议，刘伯承师长和邓小平政委都要来，你保管的东西该派上用场了。"

次日，刘伯承、邓小平等首长相继来到了总部驻地。老战友难得有相聚的机会，他们决定会后聚餐，好好热闹一下。

总部首长的几个警卫员像小孩子盼到过年一样，兴高采烈地洗菜做饭，都想把自己看家的本领拿出来，在首长面前露一手。可是，东西太少了，除了自己种的一些新鲜蔬菜外，实在拿不出什么名贵的东西来，唯一稀罕的东西就是保存了很长时间的榨菜和豆瓣酱。所以，围绕着如何炒好这盘珍贵的榨菜，几个警卫员吹开了牛。

小张说："我在北平大饭店里当过高级厨师，什么样的菜都可以炒得喷香扑鼻。"

小赵说："我可是上海锦江饭店名厨，专炒四川榨菜，保证让你满意。"

左权副参谋长的警卫员小景说："你们见过炒大菜没有？那才叫真本事，把油倒在炒勺里，加热后再把菜放进去，眼看要着火了，只见炒勺往上一扬，菜要空中翻个身再接住，三两下就炒好了。这样炒出的菜味道最香了。”

小景虽然说得活灵活现，可是大家都不相信，说他是吹牛皮，小景不服气，就挽起袖子，要现场表演给大家看，只见他把榨菜放在烧红的油锅里，用勺子搅了搅，然后一扯一扬，不料劲用得太大了，菜在空中散开了，落下来时没有接住，多数掉在灶里烧着了。

“呀，糟糕！”小景急得搓手顿足，望着起火的榨菜傻了眼。围着看的也着了慌，不住地埋怨说：“这下可怎么办，首长还等着吃榨菜哩！”几个警卫员你看看我，我瞅瞅你，谁也不敢进里屋去。

“祸”是小景闯的，只好由他去承担责任了。他硬着头皮走进去，低着头，怪不好意思地对朱总司令说：“都怪我不小心，把榨菜烧坏了。”他准备接受总司令的批评和责备。

朱总司令正和刘伯承、邓小平、左权等首长边吃边说笑着，听了小景的话并没有生气，反而安慰说：“小鬼，烧坏了就烧坏了，有啥子要紧嘛，只是恩来同志的心白费了。以后做事要稳重些，榨菜烧坏了，还有豆瓣酱嘛！”

朱总司令以为是几个警卫员不会烧菜，将菜烧焦了，却不知道围绕炒榨菜，还有一段吹牛的插曲。左权副参谋长知道后，把真相告诉给刘、邓首长，引得他们哈哈大笑。

（本文选自《革命故事》）

子弟兵的母亲戎冠秀

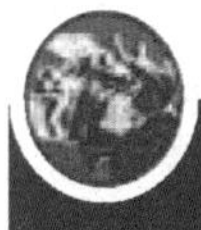

文/肖　锋

戎冠秀

“子弟兵的母亲”是1944年初晋察冀军区授予拥军模范戎冠秀的一个光荣称号。从此，戎冠秀热爱子弟兵的事迹迅速传遍各地，至今仍被人们传颂。我当时任晋察冀军区第四军分区第五团政治委员。戎冠秀所在的河北平山观音堂乡下盘松村，就在四分区辖区内。因此，我与戎冠秀有过多次接触。她热爱子弟兵，一心一意救护伤员的感人事迹，给我留下了深刻的印象。

戎冠秀出生在一个贫苦农民家庭，自幼受尽了地主老财的压迫剥削，饱尝了辛酸苦难。抗日战争中，八路军一到平山，她便积极参加了减租减息斗争和妇女抗日救国会（简称妇救会）的各项活动。1938年2月，她光荣地加入了中国共产党。不久，她担任了村妇救会主任和观音堂乡妇救会委员，领导全村和邻近村庄的妇女，积极参加各项抗日活动和各项拥军支前工作。为了让前方的战士安心打仗，她主动担任了代耕团团长，动员各个方面的力量，帮助有困难的军烈属搞好生产，安排好家庭生活。她还经常带领妇女们走访军烈属，帮助解决各种困难。她常说："人家的孩子为了抗日到前线去了，咱们一定要安排好他们家里的生活，好让他们安心打仗，杀敌立功。"为了解决根据地部队吃粮的困难，她动员组织妇女们积极种田生产。该交公粮了，她带头交好粮，并挨门逐户进行宣传。她对妇女们说："交公粮，一定要交好粮，把烂米和沙子捡掉，把糠筛簸干净，决不能让咱们的子弟兵吃带沙子的米。"她还积极组织妇女们做军鞋，她对妇女们说："咱们的子弟兵在前方打仗，整天翻山爬坡，光着脚怎么行！穿着不合脚的鞋也不能走长路。所以，咱们要像给自己亲人做鞋一样，双双都要做得结结实实的。"

1941年春，晋察冀边区政府号召根据地青年踊跃报名参加八路军。戎冠秀又挨家挨户进行宣传。她召开妇女会，动员妇女们不要"拖后腿"。她说："咱们要明白八路军是咱们自己的队伍，咱们离了子弟兵，就要受鬼子的杀害，咱们的民主生活就没有了，就要当亡国奴。"妇女们回答："明白啦！"她又说："明白了，就应该动员自己家里的人参加子弟兵。"在参军动员大会上，她首先替自己的丈夫、共产党员李有报了名。政府考虑到她丈夫已五十岁，年龄大了，没有同意他参军。戎冠秀又给三个儿子报了名，但政府考虑，她三个儿子当时最大的刚十七岁，所以只同意她送大儿子李聚金和二儿子李春金入伍。后来，她又送三儿子李兰金参了军。李兰金在抗美援朝战争中光荣牺牲。

戎冠秀事事处处关心子弟兵，特别是对前线下来的伤病员，更是千方百计精心照料。1941年秋，日军对我晋察冀的北岳、平西地区进行了大"扫荡"。为了粉碎敌人的"扫荡"，我们五团根据晋察冀军区的指示，化整为零，分成若干小分队深入敌后，寻机歼灭敌人。当时一连连长邓世军率领全连活动在上、下盘松村一带。戎冠秀积极主动配合一连活动，掩护和救护伤员。一次一连与日

戎冠秀的雕塑

军激战四个多小时，有四名战士负重伤，其中一名战士抬到下盘松村时，已不省人事了。我听到这个消息后，马上带侦察班两名战士赶到下盘松村看望，伤员已被戎冠秀接到家里救护。当时经常有敌人活动，我担心戎冠秀有危险，想派人把伤员送走。她坚持不肯，说："为了救护伤病员，我什么都不怕。"我只好同意了。据说她为了救护这位伤员付出了很大辛苦。她想方设法为伤员做可口的饭菜。敌人"扫荡"时，她把伤员背进山洞里，自己顶着冷风为伤员站岗。

还有一次，我们团在上、下柳村，上、下观音堂和东柏叶沟一带，与进犯"扫荡"的日军展开了激烈战斗，战斗中有十八名同志负了重伤。我们派人把重伤员抬到下盘松村转运站，准备转送到古榆树村临时医院治疗。戎冠秀坚决要求留下几名重伤员，由她护理。开始我们考虑日军频繁搜山抓人，怕她遇到危险，没同意。戎冠秀说什么也不干。最后我们只好把一连六班战士封建明留给她救护。以后随着战斗不断增多，伤员也多起来了。每次一听说有伤员来，戎冠秀都跑到转运站照料或争着把伤员接到家里照护。

有一次，听人说，站上有两个伤员想吃点梨，戎冠秀就赶紧跑回家拿了八个大梨到站上，这时抬担架的民兵正抬起伤员要走，她让民兵们把伤员先放下，亲自把梨放在伤员的胳膊窝里，还一再嘱咐伤员同志说："想吃时就从胳膊窝里拿。以后如需要可捎信来，我再送去。"还有一次，一个伤员从前线下来走到她们村附近，疟疾突发，坐在路旁不能动了。正在这时，日伪军"扫荡"来了，情况非常危险。恰好戎冠秀领着妇女们走到这里。她忙上前问清了伤员的来历，确认是自己的同志后，马上冒着敌人"扫荡"的危险，扶着伤员爬上北山坡。她想把伤员安置在一处石崖藏身，可伤员自己爬不上去，她就蹲在崖边，让伤员踩着她的肩膀爬上去，然后她在附近找了个隐蔽地点，监视日伪军搜山队的行动。敌人走远了，她又把伤员转移到安全的地方进行治疗。

隔了几天，戎冠秀正在碾米，听说伤员转运站又来了一副担架，她赶紧丢下碾杆子跑到担架跟前。只见伤员有六七处伤，浑身上下尽是血，闭着双眼，一声不哼。戎冠秀摸摸他的鼻孔还有一点气。这时，站长来了，说："伤这样重，不能耽搁，赶紧转送。"但负责转送的民兵都回去了，站上的同志由于连日来打游击，爬山头，都累倒了。怎么办？这时戎冠秀忙对站长说："这伤员我来照顾。"站长知道这几天戎冠秀比谁都累，她已两天两夜没合眼了，所以没同意。但戎冠秀坚决要求护理这位伤员。最后，站长只好又找来宋生生的媳妇陪着她守护伤员。这天夜里，戎冠秀一直蹲在伤员跟前。开始她不断低声呼唤："同志！同志！你醒醒！"伤员不吭声。戎冠秀又让宋生生的媳妇端来半碗温开水，轻轻地掰开伤员的嘴一点一点地喂下去。戎冠秀又低声问伤员："你还喝吗？"这时只见伤员嘴唇稍微动了一下，仍没有说话。接着戎冠秀又喂了一碗水，伤员的嘴开始张开了。戎冠秀忙问："你还喝不喝？"

"喝。"见伤员说话了，戎冠秀高兴极了。她问伤员是哪个部队的，什么时候负的伤。伤员回答说，他是五团一连八班战士，叫李栓栓，是在柏叶沟战斗中，与敌拼刺刀负的伤，已经四五天没吃没喝了。于是戎冠秀马上跑回去端了一碗豆腐脑，一口一口地喂伤员。她又问伤员是想吃还是想喝？伤员说：“不啦。”说完就躺下了。这时，戎冠秀心里还是不安，她想这伤员四五天没吃饭，只喝汤水怎能充饥呢？所以马上找来点面，和宋生生的媳妇一起做了一碗面片，一口一口地喂伤员吃下，又问：“同志，你想吃玉米饼子吗？”伤员点点头，说：“好大娘，我就是想吃块饼子。”“好，好，我去给你拿。”戎冠秀说完，马上跑回家烤了一个饼子。她还一再叮嘱伤员说：“先吃半个，吃太饱了不好受。”

就这样，戎冠秀整整忙了一宿，像照顾自己的亲人一样照料伤员李栓栓，终于使李栓栓转危为安。天亮了，李栓栓吃饱喝好了，戎冠秀又把他安置在一家炕上，看着他睡着了，才回到自己家休息。她刚睡不大一会工夫，忽听门外有人喊：“那个伤兵下地了！”戎冠秀急忙跑去，只见伤员李栓栓站在炕沿边，戎冠秀赶忙上前扶住他说：“同志，你可不要下来，要好好地躺着！有事我帮你做。”一边说一边把他扶上炕。细心的戎冠秀在扶李栓栓上炕时，发现他的鞋丢了，光着脚踩在地上。这么冷的天不穿鞋怎么行？可这伤员的脚还肿着，穿不了鞋，怎么办？她跑回家想找些棉花给伤员包脚。家里的棉花已经用完了，她就从女儿李荣花的棉袄衣襟里撕下一大块棉絮，把李栓栓的脚轻轻地包起来。她怕李栓栓睡觉冷，又跑回家把自己的棉被拿来给他盖上。此时，戎冠秀已经三天三夜没睡觉，一天多没吃饭了，但她却没想自己，又在想李栓栓醒来后该吃什么。她想，这位伤员伤势重，光吃稀的尿尿多，动弹多，这对养伤不利。所以她又做了一碗小米干饭给李栓栓吃，还做了碗玉米粥。李栓栓一连吃了三碗。李栓栓吃饱喝足了，身上也暖和过来了。正在这时，担架来了，戎冠秀在担架上铺了厚厚的一层干草，又把自己的被子铺上，这才扶着李栓栓躺在担架上。李栓栓感激地说：“好人啊，好人啊，是你救了我的命，我什么时候也忘不了你的好处呀！”戎冠秀说：“咱们军民是一家

戎冠秀照顾伤员

人，你下次过我们下盘村时，千万要到我家里坐坐。有你吃的，也有你喝的。”

民兵们抬起担架走了，还听得李栓栓不停地说：“好人啊，好人啊，我的好老人啊！”

戎冠秀时时处处关心和爱护子弟兵，得到了人民子弟兵深切的爱戴和崇敬。她成为晋察冀边区北岳区的拥军模范。

1944年2月8日，中共中央晋察冀

朱良才送别戎冠秀

分局、晋察冀军区、晋察冀边区政府和抗日救国联合会邀请她出席了晋察冀边区群英大会，她的拥军模范事迹得到了与会代表们的一致赞扬。军区聂荣臻司令员、萧克副司令员，程子华、刘澜涛副政委和政治部代主任朱良才代表晋察冀军区全体子弟兵给戎冠秀送了一面光荣旗，这面旗高高地挂在边区英模大会的正堂上。旗上贴着一个老太太的半身像，像上面写着六个大字："子弟兵的母亲"。五天的群英会结束了，军区直属队干部战士全副武装列队欢送戎冠秀。军区副政委刘澜涛、政治部代主任朱良才亲自扶着她跨上一匹大红骡子，并派人护送她到平山县。

戎冠秀回到家乡以后，马上投入了新的拥军工作。她用上级奖给的大骡子给抗日军烈属送粪、耕田；她把上级奖给的布和钱分给了有困难的军烈属。她积极组织群众努力搞好生产，多交公粮、交好公粮。部队来了，冬天，她组织乡亲们腾出暖和的房子给部队住；夏天，腾出凉快的房子给部队住。伤员来了，她跑前跑后精心照料。戎冠秀拥军的模范事迹，很快传遍晋察冀边区，全区迅速掀起向戎冠秀学习，热爱子弟兵的热潮，并涌现出一批新的拥军模范。

（本文选自八路军太行纪念馆）

戎冠秀

“康妈妈”和延安第二保育院

文 / 张家芬

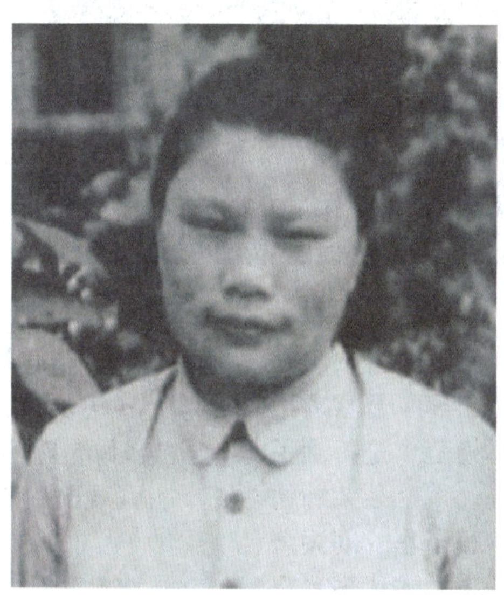

康克清同志在延安

康克清和朱老总筹办第二保育院

1944年秋，在抗日战争总反攻争取胜利的前夕，延安将有大批干部奔赴前线。为解决这部分出征干部的子女寄托问题及部分辗转从后方送到延安来的烈士子女的抚育问题，中央有关部门研究商定，再筹建一所保育院，并确定由康克清负责筹建工作。这所保育院在行政上是由中央军委总政治部和组织部领导，因此朱老总也很关心、支持这项工作。

在筹建保育院的那段时间，康克清和朱老总一起，亲自爬坡、翻山，几经察看，选中延安城北枣园川南面一个叫小砭沟的半山腰作为院址。这里空气新鲜，阳光充足。院址选好后，他们又常常一起看看窑洞打得怎样，孩子们经常进进出出活动的坡前修了栏杆没有，栏杆牢靠不牢靠。对保育院购置的各种物品，孩子们的玩具等，他们也亲自过问。经过半年多的筹建，1945年6月1日，延安第二保育院在抗日总反攻的号角声中，迎来了第一批孩子。

建院以后，康克清一次又一次到保育院察看询问，保育院还有什么困难？孩子们生活如何？有时她还邀上朱老总一起去。1945年10月的一天，他俩来到保育院，特别耐心地向那些不安心保育工作的同志说：“这些孩子的父母都是革命家。孩子们生长在革命环境里，要很好地把他们培养为革命的接班人。”对那些满怀一腔热情投奔延安参加抗日战争，极不情愿、颇为委屈地服从分配做

朱德同志与康克清同志合影

了保教人员的青年，朱老总还语重心长地说：“前方工作是革命工作，后方工作也是革命工作，培养革命接班人同样是革命工作。这叫革命工作有分工嘛！”他又指着保育院两棵野生桃树，引用“十年树木，百年树人”的成语，形象地告诉工作人员们：“你们要把那两棵树管理好，十年树木嘛！”

为了加强保育院的工作，康克清与当时任军委总政治部副部长的胡耀邦同志几经商量，调派张炽昌同志任院长。张炽昌是一位经过正规军事学校学习的男青年，投奔延安后，在军事机关工作。当他得知要调任保育院工作，思想上一时转不过弯来。他向胡耀邦申诉说：“我根本不懂得保育工作，也没学过教育，对孩子的事一点也不懂。”胡耀邦笑笑说：“不懂，可以边干边学嘛！我们很多指挥员、政治委员都是拿锤头、拿锄头的工人和农民，他们没有学过军事，还不是在战争中学习怎样打仗？”康克清又亲自找张炽昌谈话，告诉他：“领导保育院抚育好这一百多个孩子的任务并不轻，要保证孩子们身心健康成长，能躲过敌机的轰炸，战胜各种疾病；懂得正确教育孩子，还要善于团结来自五湖四海和思想、文化水平参差不齐的工作人员，共同做工作，这比领导一个连、一个营还要困难。”康克清极为恳切地告诉他：“这些孩子的父母，有的是为革命而牺牲了的烈士，有的是在前线浴血奋战的将士。他们把孩子交给党，党决定由保育院抚育他们。中央非常关心这些革命后代，保育院有责任把这些孩子带好。如果孩子少了一个，以后家长来要孩子，怎么向家长说？又如何对得起牺牲的烈士？”张炽昌终于肩负重任，来到保育院。

马背摇篮曲

1946 年 6 月，国民党军队向解放区进攻，同年 8 月，胡宗南在延安附近增兵两个师，战火随时可能燃烧到延安。党中央决定：延安的非战斗单位一律撤离，转移到安全的地方去。上级研究决定，康克清负责第二保育院的转移安置工作。

1946 年 8 月，康克清即向张炽昌等院领导打了招呼，告诉他们内战不可避免，蒋介石一旦挑起全面内战，必将波及延安，要他们做好孩子安全转移的准备，例如驮大孩子的小木床、医药、防寒用品、食物……这一切又需悄悄地进行，以免发生意外。形势越来越紧张，11 月 5 日，康克清告诉张炽昌等院领导，力争三天，最多不超过五天，保育院必须撤离，转移到太行解放区。同时还告诉他们，待保育院撤离后，中央即给沿途党、政、军领导发电报，要他们给予协助。康克清叮嘱说：“你们每到达一个目的地后，立即回电，报告孩子、工作人员是否安全到达。”她又一再向院

朱德（右一）、康克清同志和国际友人

朱德同志与康克清同志等合影

延 安

延 安

领导讲："孩子是革命的后代，一定要把孩子们安全地带到目的地。"

1946年11月11日，保育院全体人员和孩子怀着依依不舍之情告别延安。巍巍宝塔山下，延水河边，转移的队伍先后踏上长途行军的征途。每头牲口背上驮着两个小木床，孩子睡在小床里，盖得暖暖和和，长长的骡马队行进在陕北高原。康克清目送这一支支转移的队伍，一时间酸甜苦辣说不清的滋味涌上心头。当年长征路上老一辈革命者是那样走过来的，如今这些孩子睡在马背摇篮里"长征"，他们将会遇到哪些艰难险阻，又将怎样在他们的父辈们、保育院叔叔和阿姨的护卫下，战胜这重重险阻呢？

1946年11月20日，第二保育院的队伍到达绥德县东三十里铺村时，几架敌机从远处飞来，负责瞭望的同志立即吹响警哨。全体工作人员飞快地将孩子们从小驮床里抱出来，找好地方隐蔽，来不及隐蔽的，保育员迅疾扑在身上，就地卧倒，把孩子紧紧地保护在自己的躯体之下。

11月底的一个夜晚，保育院队伍出发，赶在拂晓前到达黄河边抢渡黄河，以避开敌机轰炸渡口。近千米的河面上，两只船往返摆渡，天亮前，孩子们全部安然渡过黄河。到达晋绥解放区汾阳县柳林镇后，他们计划在这里休息几天，再通过一座积雪的绵山继续前进。正巧彭德怀同志从前方回延安，路过这里，他关切地把孩子和工作人员安排在一所小学校，要他们留下住两三个月。彭德怀说："现在正是天气最寒冷的季节，在这种时候翻越绵山，不要说孩子，就是大人也受不了。"

一个月以后，晋绥解放区司令员贺龙来到柳林镇。百忙中他找到保育院领导说："我们已经接到中央的电报。保育院孩子们的父母分散在各解放区，中央很关心孩子。"他表示前方在打仗，物资、药品有困难，但在柳林镇等候过路期间，孩子们的生活用品仍然按照延安时期标准供给。他指出地方上要保证供应白面和肉食等，又询问院领导，还有什么困难，尽可能提出来，他设法解决。

保育院从延安出发，受到沿途党、政、军领导的关怀。在柳林镇休整后，迎着十月寒风，在两渡河口通过敌人的封锁线，过汾河攀越崎岖山路、羊肠小道。翻绵山和爬十八座大山，历经三个多月行程，终于在1947年2月中旬到达太行解放区的山西襄垣南里信村。

1948年3月，保育院奉命迁往河北省平山县，这次行程近千里，所经地区都是新解放区，孩子们已从马背摇篮改坐大车。几十辆铁轱辘大车一字排开，浩浩荡荡，孩子们的歌声、笑声，伴着吱吱的车轴声音，在春天的田野里回响……

1949年9月25日，保育院迁到刚刚解放的北平。尽管当时铁路运输任务极为繁忙，但有关领导批拨给保育院两节车厢，其中还有一节软卧车厢。孩子们是坐着火车进入北平的。至此，第二保育院从延安出发，历时两年零十个月，全部行程三千三百四十里。还有三十七名孩子奉命从山西襄垣县辗转迁回到胶东解放区，抢渡到大连，经朝鲜民主主义人民共和国，到达中共中央东北局所在地——哈尔滨，回到各自父母身旁。

康克清是1947年3月离开延安的。保育院撤离延安后，她时时刻刻关怀着

延安第二保育院的孩子们

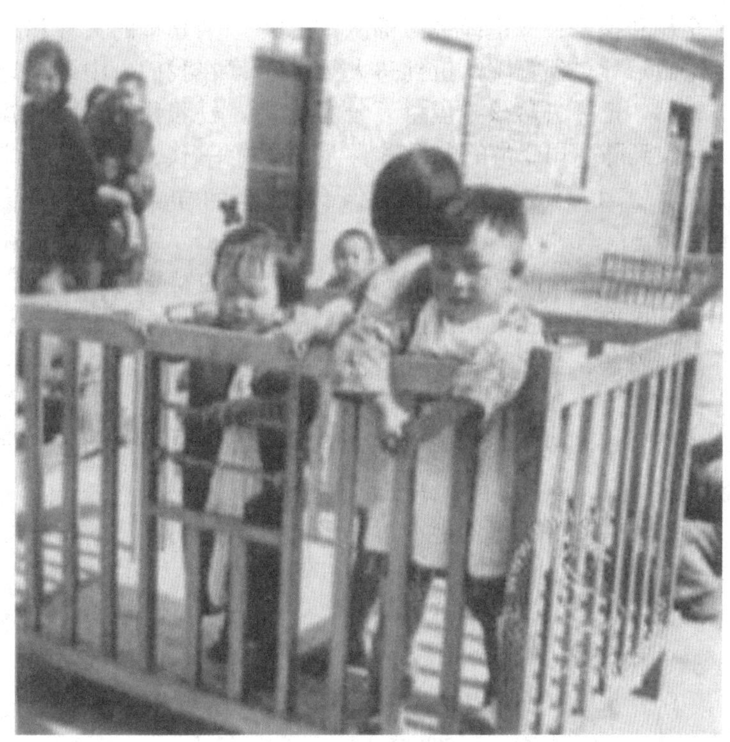

延安第二保育院的孩子们

孩子的去向。根据保育院的行军路线，催发电报，请沿途党、政、军领导给予帮助，直到她离开延安前，得知孩子们已安全到达太行解放区的山西后，久悬的心才放下。进入北平后，她一如既往，时时刻刻关怀着保育院，她还听到许多保育人员舍身忘我护卫孩子的动人事迹。

当保育院经两渡口敌人封锁线过汾河的时候，五岁的慕延和不满两岁的三八睡在摇篮里。由于牲口失蹄未走稳，两个孩子掉进河里。跟在这头牲口后面的工作人员全超，迅即跳进冰冷的河水里，几经努力，把两个孩子捞救上来。这位十八岁的小青年全超，又立即带着孩子找到一户老乡家，把已休克的三八放在热炕上进行急救。当掩护干部、孩子们过封锁线的部队扫尾清查时，发现了全超和孩子，又迅即带回部队，由医生抢救治疗。保育院队伍到达太岳区韩洪镇后，正为失落孩子焦急万分的院领导，收到陈赓司令员的电报："两个孩子健在。"二十多天后，全超带着孩子赶上了队伍。

保育院在晋鲁豫边区襄垣暂歇期间，一天，保育员肖桂英正陪同患病的正南在医院看病，十多架国民党飞机轮番轰炸，当一架飞机投下炸弹的瞬间，肖桂英抱着正南跑出医院，用棉袄紧紧把正南裹在怀里，俯身卧倒，趴在正南身上。一颗炸弹在离她不远的地方爆炸了，弹片卷起冲天的尘土，厚厚地压在肖桂英的身上，使她透不过气来。肖桂英把厚厚的土层拨开，移动着双腿，匍匐着向前爬啊、爬啊，找到一个地方隐蔽起来。好大一阵，敌机飞走了，她拖着酸痛的身子，看着安然无恙的正南，笑了。

啊！摇篮

1984年春节，原延安保育院的十一名老师、阿姨和十七名"小朋友"自发地在北京组织了一次茶话会。当年的"小朋友"们给老师、阿姨们每人胸前戴上一朵大红花，赠送了纪念相册。相册上有"小朋友"们的献词。献词写道："献给在那战火纷飞充满革命激情的年代里，用延安的小米和革命的理想，哺育了我们的延安保育院老师、阿姨们！几十年过去了，你们在我们心灵里播下的真理的火种和深厚的同志情谊，一直在我们心中燃烧光大，它不但鼓舞和激励着我们，而且鼓舞和激励着我们的下一代，为中国的进步和人类的解放而斗争。"

当时任辽宁省委书记的李铁映同志也特意写来信，信中说："老师永远是老师……对哺育我们的老师、老妈妈们，我们怎能忘记……"

自然，他们更不会忘记为筹办、培育延安第二保育院付出心血的"康妈妈"。

（本文选自《中华魂》，有删节）